JN104704

保健室から創る希望

福井雅英・山形志保 編著

fukui masahide　yamagata siho

新日本出版社

保健室から創る希望＊目　次

はじめに――子どもがいのちに見える学校づくり……………………11

第1章　子どもたちの生きる世界に向きあう保健室――――――――21

第一節　荒波に何度も漕ぎ出そうとする意思を支える場所でありたい……21
「いつか見捨てられるんじゃないかって」　22
「ママに抱きしめられたことないいんだよね」　25
「1対1で教えてくれたら座ってられると思うけど……」　29
「笑えないと、仕事させないって言われた」　32

第二節　「あなたが居たい場所に居ていい」が強く響く意味……………36
――教職学生は「山形実践」をどう読んだか――
「山形実践」との出会い　36
「生活綴方的大学授業」のスタイル　38
「待っています」の言葉が持つ意味　39

「指導する、アドバイスする」の積極的介入型を問い直す 41
共感的な受け止めを支える社会認識 47
縛りから解き放たれるメッセージ 49

第2章 養護教諭って、なんだろう?——山形志保さんの実践と歩みから考える—— 56

第一節 あたたかい「ほけんだより」で伝えるもの…… 56
「ほけんだより」の風景 58
山形さんの「メッセージ」を読む 60
心を寄せてその子の状況をイメージする 66
第二節 悩みながら生きる高校生に希望を見いだす…… 77
想いを支えることで 78
高校生のからだ・こころ・生活・学び 79
学ぶ意味への問い 82
サヤカの物語 83

第三節　社会のなかの家族・子どもを丸ごと支える……………… 100
——養護教諭・山形さんを生み出したもの——
（1）保健室は社会とつながるプラットフォーム　100
（2）「子どもがいのちに見える」ようになるのは？　107
（3）濃密な人生の物語と保健室　119

第3章　「子どもの貧困」と「社会」という角度

第3章　「子どもの貧困」と「社会」という角度——— 125
第一節　保健室から見える貧困——サヤカが教えるもの……… 126
お金がない　126
いのちひしめく世界へ　127
社会で育つ　129
学校との出会い方　130
第二節　〝なんとかなる〟希望——アヤが教えるもの……… 132
第三節　「子どもの貧困」を教育実践から見ると？……… 135

（1）学校から地域に打って出る教育実践　137
身体の訴えに耳を傾ける保健室　137
人と人をつなぐコミュニティとしての学校　141
（2）子どものなかに情勢を見る眼を　143
子どもが映す社会　143
生活綴方実践に学ぶ　145
「子どもの発見」は教師のとらえ方にかかっている　147
（3）教育する側の貧困　149
教師の労働条件の貧困　149
教育内容の改善——貧困を生き抜くための生存権の学習を考える　151
生活保護に関わる教科書記述の問題と授業改善　154
「保健室から創る希望」は創造的教育実践の本筋　157

第4章　子どもと保健室をめぐる対話——161

第一節　保健室——傷ついた子どもにとっての自己回復のゆりかご……161

対話が生まれる場所　162
対話を紡ぎあう実践　165
生活から生み出す対話　167
子どもの心身の健康と生活を見る保健室　169
生きる土台としての生活力　171
保健室の位置づけの変化　173
傷ついた生徒にとっての保健室の役割
――学校で〝ケア〟と出会う――　176
高校（中退・卒業）後も仲間として生きる　179
子ども・若者支援の社会的連携をつくる　181
第二節　保健室から始まる伴走型支援……183
第三節　生活の困難に向き合い伴走する支援……187
第四節　保健室で「出会う」ことの教育的意味……190
身体の声を聴く――「心地いい」という感覚　190
生活支援のパイプが信頼を太くする　192

信じられる人との出会い　193
「あなたを心配している」というメッセージを届けたい　195
第五節　教育と福祉が出会うところ……196
身体から出発する　196
生活こそ子どもの成長の基盤　199
保健室から学校への拡張　200
第六節　求められる教職観と学校改革の希望……205
（1）子どもに届く真実の言葉は、どのように紡ぎ出されるか　205
――山形さんの実践哲学――
公教育の危機のなかの教師と子ども　206
生存権の実質的保障としての教育実践　208
「どんな報告が一番嬉しい？」――「サヤカの物語」のエピソードから　209
「母になったサヤカ」――心ふるわせる経験の共有へ　212
（2）どのような教師でいたいか――教職観の矮小化を越えて　214
「二〇〇九年型教職観」を乗り越える　214

子どもを生活主体としてとらえる 215
「その子」という「特定性」を重視する 217
(3) 学校改革への希望を保健室から考える意味 218
「子ども研究」を共同で深める「子ども理解のカンファレンス」 218
「子どもがいのちに見える」教職観の再構築と学校改革 221
「保健室から創る希望」の拡張——人間的なコミュニティの再構築へ 224
学校から地域へ——希望を紡ぐコミュニティづくりをめざして 226
あとがき…………………………………… 232

はじめに――子どもがいのちに見える学校づくり

コロナパンデミックが広がるなか、学校では子どもや保護者の状況を踏まえ、そのニーズに応じる様々な努力が展開されました。それは今も続いています。その現場での想いは、次のように強烈です。

「教師も子どもも緊張を強いられたまま、忙しく追いたてられるコロナ禍の日々。しかし、子ども期はかけがえのない時間だ。せめて、『原風景』になるような、五感をフルに使った楽しい活動や経験をさせてやりたいと今年（二〇二一年）はいつにもまして強く思った」[1]という教師の声があり、「臨時休校中、保護者の労働環境が悪化して、収入も減り、生活リズムが大きく乱れてしまった人。一方で先進的なリモート学習を取り入れている学習塾で受験勉強をスタートさせた人もいる。格差と貧困がますます露呈したコロナ禍の社会」[2]ではなかったでしょうか。それを見すえ、切り込もうとする教育実践も生まれています。

この子どもが示す事実、保護者の暮らし、教師として直面した問題に向き合いながら、子どものいのちや学校の在り方について深い問い直しも起きているのです。

じつは、コロナパンデミック以前、いじめ事件や子どもの貧困が社会的な問題になるなか、筆者である私・福井は養護教諭の研究会や保健サークルで講演を頼まれたり研究会に出る機会が増えました。危機に直面して、「子どものいのちを第一に考えたい」という思いの高まりを反映していたと思います。コロナ禍はそれをさらに広げることにもなったのです。筆者は「子ども理解のカンファレンス（事例研究会）」を提唱し、その取り組みを通して、子どもの示す具体的な事実を語り合うことの大切さを強調しています。そうしたこともあって、一方的に話す講演だけでなく、研究会のなかで個別事例や実践の工夫について、参加者と一緒に検討する機会が生まれました。そのような実践研究の場への参加経験を重ねて、養護教諭と保健室の役割の重要性について改めて考えることになりました。

と言うのは、何よりも、現実に様々な苦悩を抱える子どもが増えているにもかかわらず、その子らが長い時間を過ごす教室・学校が、安心できる空間でなくなっているという状況があったからです。辛いことや困ったことを先生に訴えたいと思っても、忙しそうでゆとりのない先生には言うことが出来ないとか、「キチンとチャンと」していることを求める先生との間には溝が深いというような事情もあったようです。

結果、悩みを抱えた多くの子どもが、「頑張れ！」と言われる教室から、「どうしたの？　大丈夫？」と気遣ってくれる保健室へ逃げるように向かいました。けれども、養護教諭ももちろん忙しい。だけど、にもかかわらず、子どもたちは、〝保健室の空気は教室と違う〟と敏感に感じ取った。子どもたちは、保健室に生きる希望を見いだしたのです。

「保健室から創る希望」という書名に込めた思いには二つあります。第一は、生きづらさを感じる子どもたちが、〝保健室という居場所〟で信頼できる大人と出会い、自分の人生の希望をつかみ直す姿を描くこと、第二は、子どもに寄り添う保健室の子ども観・発達観を、学校に異質のものと見るような見方を変えて、〝学校全体が子どもの居場所〟になるようにしたい、この二つの願いを込めました。

ですから、重要な課題は、その子の生きづらさの問題や発達上の課題を教職員全体で共有すること、これです。

それは子どものありのままの姿を受け止めるところから始まると思います。心ある多くの養護教諭は、子どもの心と体の健康を一番に考えています。そのような受け止めから、子どもの立ちすくむ姿も、葛藤の様子も、また、反抗も、それ自体がいのちの表現であり、その子のいのちのありようだと理解して進める実践が生まれています。そうした取り組みでは、子どものの姿をリアリティをもって描き、いまを生きようとする子ども・青年のいのちへの共感を、子どもも理解と実践でのベースに据えようとしています。このような取り組みに学びながら、今ある学校のあり方や発達援助専門職としての教師の専門性を問い直せればよいのではないでしょうか。

　長年、保健室と養護教諭実践を研究してきた一橋大学名誉教授の藤田和也氏が言うように、「養護教諭は自らの歩みのなかで子どもたちの現実と向き合いながらその実態に即して仕事を創り出し、学校における存在をより確かなものにし、役割を発展させてきました」[3]。

　今日の保健室と養護教諭が直面する課題には、目の前の子どもが、自ら抱える困難と向き合い、そのことを通して自らの生活を高め、生きる力を豊かに育てる主体になるように援助する仕事があります。これは同時に、養護教諭がその援助をすることで、自身の職務内容を拡張し質的に深める過程だと考えられます。それはとりもなおさず、「養護教諭の専門性」の一層の深化・拡充の要請につながるでしょう。

　今日、「子どもの貧困」が広く指摘されるようになりました。これは、子どもの抱える困難の社会的根拠が可視化されてきたことによると言えます。そこにはまた、格差と貧困の広がる社会のなかで、「下層社会」に生きる子どもに、いくつもの困難が重複する現実があることを見落してはなりません。

　そのなかで多くの保健室が生きづらさを抱えるこうした子どもの大事な「居場所」の役割を果たしていることは、多くの実践や先行研究に見るとおりです。そのこと自体が、悩みや傷を抱えた子どもと関わりながら、その子の課題をつかんでいく養護教諭が生み出した実践的な開拓だったのです。

このような課題に応える仕事が広がり深まるなかで、この本では、以下のような点について、現場の貴重な実践に学びながら考えたいと思います。

① 養護教諭が今日の子どもをどのように理解し、子どもの問題にどのように向き合っているか。

② 困難を抱えた子どもたちとの信頼の回路をどのようにつくっているか。

③ 把握した子どもの問題を、他の職員や地域の専門家と共有し、連携して課題解決に迫るためにどのような工夫や実践を創り出しているか。

④ そのような実践によって、子どもが自らの人間的尊厳を回復し、生活と社会を変革する主体にどのように育っていくか。

私は、この四つのことが、子どものいのちに寄り添う保健室の実践のなかで、生き生きと発展的に生み出されていると思います。そこに私は、「子どもがいのちに見える学校」を創っていく希望を見ました。

しかし、同時に、希望を阻む壁として、現実の学校の問題点を見ることにならざるを得ませんでした。その壁を越えるために、保健室から職員室へ、そして地域・父母へ問題共有の輪を広げたいと願います。小著がその手がかりになれば幸いです。

さて、本書は、北海道の高校養護教諭山形志保さんと私・福井との共編著です。そこで中心的なテーマとしたのは、子どもの願いに応答する養護教諭の実践ですが、それは、それこそ全国津々浦々の学校で日々多彩・多様に展開されているでしょう。そのような実践を訪ねて学び合う第一歩を「山形実践」の検討から踏み出しています。私は北海道在勤中に、厳しい寒さにもたじろがず北の大地に根を張るような実践を進めている何人もの養護教諭の先生たちに出会いました。その最初の出会いが山形さんでした。そしてその実践を読むにつけ、これは私が部分的に紹介するのでは不十分で、山形さんの実践記録と論文そのものが広く読まれるようにしたいと思うようになりました。また、その実践から私が学び考えたことを書きたいとも思いました。

私はこれまで何度も、山形さんの実践記録を読み、研究会や学会での報告を聞いてきました。困難を抱えた高校生・青年たちが、「山形先生の存在」を力に、自分の道を切り開いていく姿に目を見張りながら共感してきました。「指導」や「助言」などという言葉ではとうてい収まらず、「存在そのもの」が、安心感や希望を紡ぐ根拠になっているのだと感じたのです。山形さんが彼女ら・彼らに寄り添うようすは、一見、何のてらいもなく、淡々と接しているように見えます。しかし、そこには、言葉を越えて彼女が発している深いメッセージがありました。それはたとえ紆余曲折を経る場合でも、確かに子ども・若者たちに届いているのだと分かります。

その明快さはこの本を読んでいただければ腑に落ちると思いますが、じつは、本書の企画は二〇一三年に出版社に提案し執筆を始めたのです。けれども、私の多忙と怠惰のせいで、気にかかりながら一〇年が過ぎてしまうことになりました。しかしそのお陰で、山形さんが保健室で出会った高校生たちが、「高校（中退・卒業）後」、どのように山形さんと関わり続け、それぞれの人生を生きてきたか、生きているか、を継続的に見ることになり、その説得力は一層の深みをもつことになりました。

それはいろいろな困難を抱えた現代の若者の濃密な人生の物語でした。その物語を山形さんの実践報告を通して読み続けることになるのですが、私・福井はそこに、困難と希望の両方を見たのです。

この本を手にとって下さった方が、こんにちの子どもの困難の実相を深く考え、発達援助実践のあり方をとらえ直し、保健室に止まらず、子どものいのちが輝く学校や地域・社会の探求を考えていただくきっかけになればうれしい限りです。

本書は全四章で構成しました。第1章「子どもたちの生きる世界に向きあう保健室」は、山形さんがこれまで発表されてきた実践記録が中心です。『教育』や『クレスコ』など、主に教師向けの雑誌に発表されて注目を集めてきたものです。第二節では、その実践記録を教職をめざす学生が読んで、何をどう考えたかを示しました。これは、滋賀県立大学で私が担当した「教職論」の授業における学生感想をもとにしたレポートです。

第2章「養護教諭って、なんだろう?」は、今日の子どもに向き合う養護教諭の専門性について述べています。それも、大上段に振りかぶった論じ方でなく、養護教諭としての日常業務の一つとして発行されている、山形さんの「ほけんだより」に触れて私が感じたことをもとに論じました。また、困難を抱えた高校生に寄せる思いがよく読み取れる山形さんの実践記録を入れました。生徒の苦悩に寄りそいながら、その中から希望を紡ぎ出す実践の紹介です。また、そのような実践を続ける山形さんが、どのように自らの実践力量や教育観を発展させてきたのかについても考えてみました。それが章末に収録した「社会のなかの家族・子どもを丸ごと支える」です。

第3章「『子どもの貧困』と『社会』という角度」は、子ども・若者の困難に向き合おうとするとき、目の前の困難な事象だけでなく、その困難を生み出す社会的な諸要因に目を向けることの重要性を述べています。「子どもの貧困」として語られる一つひとつの事象の底に複雑な問題が絡み合っていて、解決のためには保健室・学校に止まらず、使えそうな社会資源を広く活用し、新たに生み出す工夫さえ求められます。システム、人脈なども総動員して、ひとりの子どもの支援に向けてそれらを組織し動かしていくような取り組みが必要になってくるからです。そうした実践を担う人たちは、直面した課題と格闘しながらその専門性を磨き力量をゆたかにしてきたと思います。そのことを具体的な事例で示しています。養護教諭に限らず発達援助専門職の専門性を吟味する手がかりにしてもらえれば幸いです。

第4章では、子どもと保健室の現実を踏まえて、どのような実践課題があるか、解明すべき問題はどのようなものかについて、共編著者二人の関心を書きました。福井は、その第一節と第六節で山形さんの「仕事」を、「生徒・若者が生きていくことへの伴走《ばんそう》型支援」ととらえ、その教育実践から学び、考えたことについて書きました。ほかの節は山形さんの具体性に彩られた「生きた言葉」です。それらを通じて本書で繰り返し述べる「希望」の眼目は、「子ども・若者自身が生きる希望を持つこと」です。そして、学校を「子どもが希望を紡ぎ出す場所」にする努力を続けたいと思ったことに、二人の本書執筆の動機がありました。

それらを読み取っていただければ幸いです。

「はじめに」での注

1　谷保裕子「地域の原風景を身体にきざむ」『教育』二〇二一年四月号、二六ページ。

2　吉田圭子「『誰かの代わりに』（鷲田清一）を読む」『教育』同号、一八ページ。
3　藤田和也『養護教諭が担う「教育」とは何か――実践の考え方と進め方――』農文協、二〇〇八年、二五ページ。

福井　雅英

二〇二三年五月

第1章　子どもたちの生きる世界に向きあう保健室

第一節　荒波に何度も漕《こ》ぎ出そうとする意思を支える場所でありたい

私・山形は北海道の高等学校で養護教諭をしています。イメージしやすく言えば、〝保健室の先生〟です。

この本の「はじめに」で福井雅英先生が、私のことや仕事について紹介してくれていますが、私が実践のなかで、感じたことや考えたことを具体的に述べていくことにします。

「いつか見捨てられるんじゃないかって」

親の離婚や死、病気や深夜におよぶ長時間労働、あるいは虐待などで、幼児期・学童期の愛着欲求を十分満たされずに大きくなる子どもたちが増えていると感じています。思春期を迎えた彼らの恋愛模様はまるで親子のようで、甘え・反抗・独占・後追い……、相手の姿が見えなくなると不安で不安でたまらないのです。

ミホとタツヤはその仲良しぶりが周囲からも羨《うらや》ましがられるカップルですが、ケンカもしょっちゅうで、その度にミホの過呼吸発作が起きます。この日は、学校祭準備で忙しいタツヤが相手をしてくれないとミホがふてくされ、そのしつこさに「いい加減にしろ！」とタツヤが怒鳴ったのです。

ミホの両親はミホが小学校高学年の時に離婚しました。両親の怒鳴り合いが毎日のように繰り返される日々の中、幼い妹たちをかばいながら生活してきたミホでしたが、いつ頃からか人の怒鳴り声を聞くと過呼吸の発作が起きるようになりました。

保健室の床にしゃがみ込んだまま苦しい息の下、ミホが言います。「タツヤ君にまた迷惑かけちゃった……我慢しなくちゃって思うけど……最近は早くケンカを終わらせたくて過呼吸になる……私、ずるい……タツヤ君に嫌われちゃう……」

受け止めて欲しい甘えと受け止めてもらえない恐怖の間で、過呼吸の数が増えてきています。

廊下で言い争う声が聞こえて、扉を開けた途端、私の目の前でシンヤがハルナの頬を叩きました。シンヤの左手にはハルナから取り上げたカッターが握られています。

ハルナは母と姓が違います。再婚相手の仕事を手伝っている母の帰宅は深夜に及び、ほとんどの夜をハルナはひとりで過ごします。「どうして会いに来てくれないの？」「どうしてずっとほったらかすの？」「どうして……　どうして……」母にぶつけたかった思いがしばしばシンヤに向かってしまいますが、「俺、お前が望むようにうまくできねぇし……寂しい思いさせてごめん……」シンヤの顔が悲しそうになるにつれ、罪悪感に変化していく攻撃性が自分自身を傷つけます。

高校を卒業したら、ハルナは都会の専門学校へ進学が、シンヤは地元に残って家業を継ぐことが決まっています。「どうせもうすぐ別れるんだから」というハルナの口癖は、いつかは心が離れてしまう恐怖に打ち勝つための布石のようです。「別れるのは距離のせい……心が離れるわけじゃない……」

ケンタはゲームやアニメが大好きないわゆる「オタク系」男子、「人間の女は苦手だよ〜ていうか〜人が苦手だね〜疲れるよ〜」と言っていたのに、最近付き合い始めた彼女にメロメロ。

中学時代から何度も警察のお世話になっている兄と、母が不倫の末に産んだ赤ん坊の妹がいて、「植物のようにおとなしい」(母談)ケンタはあまり手をかけてもらえずに育ちました。一年生の時には空腹のあまり玄関で動けなくなっていたり、兄に殴られて瞼《まぶた》を八針も縫ったりと、痛ましいエピソードは数知れません。

学校祭前、ステージ発表の責任者として忙しく飛び回る彼女に相手にしてもらえず、心身ともに不調な状態が続きました。「俺だって彼女に好きなことやってもらいたいよ〜でもちょっとぐらいさ〜こっちに来てくれたっていいじゃないか〜」「俺にも好きなことしたらって言うけどぉ〜俺、彼女しか好きなものないんだよ〜」

学校祭当日、クラスの列に入れないケンタは、ステージ発表の間、ずっと教員席の私の隣に座り、耳にイヤホンをしたまま、ステージ上の彼女だけを目で追います。「いつか見捨てられるんじゃないかって……怖いんだよ……だから中学まで引きこもってたんじゃないか……今だって本当は引きこもりたいんだ……」

「ずっと一緒」「ずっと大好き」を求める彼らは、それを口にできる喜びとともに「ずっとは続かない」不安も同時に抱えてしまいます。

幼児・学童期の愛着形成不全に端を発する「見捨てられ不安」に対して、高校でできることは多くはありません。迫りくる出口では、就職難・派遣切りなどのニュースが、「社会からも見捨てられる」と追い打ちをかけています。

ミホやハルナやケンタに繰り返し襲ってくる不安を退治することはできませんが、彼らが不安とたたかう時間を共に過ごしたいと思います。心もとなさげな背中に手を当てて「見捨てないよ」の熱を伝えたいのです。「保健室、落ち着く」と言って教室に帰っていく体が少しだけ温かくなっていますように。

「ママに抱きしめられたことないんだよね」

「けっこう生えてるね～」「でしょ～?　昔っから多いんだ～」保健室の窓際、ぽかぽか陽の当たるソファで白髪抜き、抜いているのは私、気持ちよさそうに抜かれているのは、りなです。

りなの母は未婚でそれぞれ父親の違う三人の子を産みました。スナックを経営する母の仕事は忙しく、二歳上の姉とりなと小学生の弟の養育は同居する祖父母が担ってきました。中学時代には外泊、深夜徘徊《はいかい》、飲酒、喫煙、妊娠、中絶、果ては薬物使用未遂で児童相談所に保護という荒れた生活を送った歴史が、無数のリストカットと根性焼き（火のついたタバコを皮膚に押し当てること）の痕《あと》となってりな自身の身体に深く刻まれています。中学校は半分しか行っていません。高校入学後、激しい自傷は無くなりましたが、情緒不安定による欠席や遅刻・早退が多いので、単位認定はいつも綱渡りの状態です。

「何だかわかんないけどめっちゃ落ち着かない！　自分がおかしくなりそうで怖い！　帰りたい！」半ば叫ぶようにして保健室に飛び込んできたりなをソファに座らせて隣に座り、脈を取りながら何の気なしに眺めた横顔に白髪が目立ったので、これまた何の気なしに一本また一本と抜き始めたら冒頭の場面になりました。

りなに限らず、取り乱した状態で保健室を訪れる生徒は少ないのですが、彼らに対して私がすることは二つです。「あなたが居たい場所に居ていい」と伝えること。身体に触れること（ただし、身体に触れる時は必ず、触れる前に「脈をとらせてもらっていいか……」等と断わります）。りなのように出席時数がギリギリの子に対して「居たい場所に居ていい」と伝えることに躊躇《ちゅうちょ》はしますが（たいていの場合、「居たい場所」は「教室」ではないので）、強制や脅迫でなく、自分の意志で教室に戻っていくことが大事だと考えています。そして、そのためには「無理なことは無理だと言っていいし、それを受け止めてもらえる」安心感が必要ではないかと思います。外科系の来室以外は必ず脈を取ります。手首に触れ、規則的な拍動を確認しながら「手が冷たいね」とか「ガサガサだね」とか声をかけます。「簡単だから自分でも計ってごらん」と教えて、自分で計れるようになった子も「せんせ～、脈とって～」と腕を差し出してきます。

「せんせ～、肩もんでくれ～」と言って保健室にやってくるマサヒロは多動でじっとしていることが苦手です。一年生の時から授業サボり、器物破損などで先生方の手を焼かせてきましたが、家では厳しい父親にベルトで叩かれているのだということを、「マサヒロも大変なんだよ」と保育園から一緒のクラスメートがこっそり教えてくれました。私の手の下で堅かった肩がほろほろとほぐれて、いつもは止まらない貧乏揺すりも止まります。「授業サボりてぇなぁ……」「三年生にもなってそんなこと言ってること自体、恥ずかしいと思ってよ」「三年生だから言ってんじゃん。一年の時はサボりたかったらサボってたもん。三年になってサボれなくなったから言ってんの。さあ～って……しゃ～ないから行くかぁ！　ありがとうございました～」戸口でしっかり会釈して教室に戻っていきます。

日向ぼっこと白髪抜きで気持ちよくなったりながぽつりぽつりと話します。「ママに抱きしめられたことないんだよね……記憶にないだけかも知んないけど……」手の甲に新しい入れ墨がありました。自分で彫ったという流れ星と数字のデザイン。「この数字は？」「堕ろした日……。」落ち着いたから教室行くわ」。白髪を抜き始めて二時間後、家ではなく教室に帰っていきました。

りなは祖父からもらった手紙を大切に持っています。中学時代外泊を繰り返していた孫娘に対して、心配しながらも「体を大事にしろよ」としか言えなかったこと、面と向かって口には出さないが、母親も「寂しい思いをさせた」ことを悔やんで眠れぬ夜を過ごしていたこと、幸せな人生を歩んで欲しいと心から願っていることなどがしたためられた手紙を、時折開いては読み返しているそうです。

白髪抜きから数日して、りなが再び来室しました。母親が未婚で姉弟の父親がみんな違うことを、クラスメートに揶揄《やゆ》された弟が、「うちは恥ずかしい家なの？」と聞いてきたと言います。りなは答えます。「恥ずかしくないよ。一人で産んで育てるのはすっごく大変なんだ。でもママはあたしたちを産んでくれたし、めっちゃ働いてがんばってんじゃん。あたしたちが何不自由なく暮らせてるのはママのお陰なんだから、胸張っていいんだよ！」

消せない過去や埋めきれない寂しさを抱えて、迷いながら、揺れながら、母の生き方を肯定することで、自分の存在を肯定しようとする気持ちが、少しずつ生まれてきています。

「１対１で教えてくれたら座ってられると思うけど……」

学年一の赤点保持者リクは「早くお父ちゃんになりたい」と言います。漢字が読めないので教科書読みが大嫌い。指名されることがわかっている授業は早々に抜け出して優雅に廊下を散歩しています。今日も散歩の途中で保健室に立ち寄りました。人体図鑑を開いて女性の身体構造を真剣に眺めています。排卵の仕組みを初めて知って「女の体ってすげ～な！」と感激して言うので、「そう思った君は、立派なお父ちゃんになれるよ」と言いました。

男ばかり四人兄弟の末っ子。家は漁業を営んでいて、兄たちは全員が中学を卒業してすぐに父の船に乗っています。リクは自分も兄たちの後を追って船に乗るのを楽しみにしていましたが、母の強い勧めがあって渋々高校に入学してきました。授業にほとんど出ず、指導されると反抗し、時にイライラをクラスメートたちにぶつけ、ことある毎に「来たくて来たんじゃねぇ」と決まり文句を吐き捨てていたリクは、周囲から「いつ辞めてもおかしくない」と思われていましたが、ほとんどの教科で赤点をとりながらも辞めることなく二年生になりました（私・山形の勤務校は単位制の高校なので留年がありません）。

ある日、吊り上げた目からボロボロ涙を流して、リクが保健室に飛び込んできました。「今週一週間は授業をサボらない」という約束を彼女と交わしていたのですが、守ることができずケンカになり、イライラしてその後の授業も出られず廊下にいたところを、担任の先生に見とがめられて注意を受けたのです。約束を破ったことを一方的に責め立てる彼女や、リクなりに頑張っていることを認めてくれない担任に対する不満が、次第に「できない自分」への怒りに変わり、悔し涙が止まりません。

「一時間座ってるの辛い？」「1対1で教えてくれたら座ってられると思うけど、俺のために先生が増える訳じゃないから無理じゃん……」ようやく涙が乾いた頃、ぽつりとつぶやきました。

リクのために教員が増えることはありませんでしたが、教科書読みが回ってくると、隣の席のリョウが「先生、俺一緒に読んでもいい？」と助け船を出します。恥ずかしいと感じること自体が恥ずかしい年頃、「読めないことが恥ずかしい」とは、口が裂けても言えないリクの気持ちをちゃ〜んとわかっている仲間のさりげない優しさに励まされて、一人でも最後まで読み切ることができます。放課後に残って教科書にふりがなを振る姿も見られるようになりました。

廊下の散歩はずいぶん少なくなりましたが、ゼロにはなかなかならないようで、保健室はリクの散歩コースにしっかり組み込まれています。海と魚が大好きなリクの、魚に関する知識と釣りの腕前は相当なもので、いつか自分の息子と一緒に釣りに行くのが夢なのだと、熱っぽく語る彼の話に引き込まれて、ついつい授業サボりの片棒を担がされてしまいます。

三年生になったリクは、選択の「作品講読」という授業の中で「子どもの権利条約」について学びました。みんなで条文を読み合う時間が苦痛で、抜け出してくることもありますが、『子どもの権利』も知らないようでは、立派なお父ちゃんになれません」と言うと、まずい！という顔をして戻っていきます。ある日、「これは大事！　と思う条文を選ぶように」という教科担任の指示に、リクが選んだのは、第二条「差別の禁止」、第一二条「意見表明権」、そして、第二八条「教育への権利」でした。

「教育への権利」など、とっくに放棄してしまったかのようなリクですが、考えてみれば彼の散歩はいつも校外ではなく校内でした。教室のざわめきから少しだけ距離を取りながらもその雰囲気に身を浸し続け、学ぶ意味を求め続けているリクの顔が、お世辞にも綺麗とは言えない字が並んだプリントの上に浮かびました。

同級生たちとは一緒に卒業できないことが決まっているリクに聞いてみました。「三月になったらどうするの？」「う〜ん……辞めて船乗るかな〜。そしたら保健室にいっぱい魚持ってきてやっから」。いたずらっぽい目をして笑いながら、続けて言いました。「せんせ〜、俺の子どもが高校来るまでここにいてくれや〜」「あんたの子どもが高校生になる頃には定年退職してます！」

まだ見ぬリクの息子が生きる未来に、リクが願ったような学校を、子どもの権利条約が真に生きる学校を、手渡していくこと。リクから大きな重い宿題を出されました。私の方こそ、赤点にならないようにがんばらなくちゃなと思います。

「笑えないと、仕事させないって言われた」

「コミュニケーションが取れにくい病気ってある？」今年の春卒業し、遠くの牧場に就職しためぐみからメールが来ました。「無感動、無表情、無感情」。めぐみのふだんのようすをそう表現する雇用主から、「君はコミュニケーションが取れない障害だし、それを履歴書に書かなかったことは犯罪だ」と言われたそうです。

たしかに、めぐみは人とかかわることがあまり得意ではなく、小中学校でも集団から離れて一人でいることが多かったようです。そんな自分を変えようと密かに「決意」して入学してきた高校では、同世代の女子の音楽やファッションの話題にまったく入れず、いつしか休み時間の多くを、相談室か保健室で本を読んだり折り紙をして過ごすようになっていました。

きっかけは教育相談担当教諭からの部活への勧誘でした。二年生になり音楽系の部活に加入しためぐみは、顧問や仲間に励まされながら、眠らせかけていた「決意」を少しずつ行動に移すようになりました。当然、思うようにいかないことも、疲れてしまうこともたくさんあって、匙《さじ》を投げたかのように部活も辞めてしまうのですが、一ヶ月ほどの沈黙期間を経て戻りました。「中途半端な自分が嫌です。最後までがんばりたいので、もう一度やらせてください」と、震える声で、でもしっかりと伝えました。「もう一度いっしょにがんばろう」という顧問の言葉に、へたり込んで泣きじゃくっていた姿は、「無感動、無表情、無感情」どころか、人の心まで揺さぶる力を宿していました。

めぐみの母は脳血管障害のため不自由になった身体で三人の子を育ててきました。めぐみの父親とはずいぶん前に別れています。お酒とタバコがやめられず、生活保護での暮らしはいつもカツカツ、めぐみも二歳上の兄も修学旅行には行きませんでした。

そんな母から、ときどき保健室に電話がかかってきました。友だちができないことを心配しての電話、部活に再挑戦後の表情が明るくなったという喜びの電話……。受話器の向こうから、厳しい生活のなかでの子育ての不安や、自身のふがいなさに対する嘆息や、子どもたちへの愛情が、ろれつの回らない声に乗って伝わってきました。

面接試験に落ちつづけためぐみの就職がやっと決まったのは、卒業式もとっくに終わった三月の末で、牧場の仕事に欠かせない自動車免許を取得してからの旅立ちは、五月の連休明けになりました。免許代は、就職先が貸してくれました。「切りに行くお金がない」と言うめぐみの、表情もわからないくらい伸ばしっぱなしになっていた髪を、旅立ちの前日、保健室で切りました。「先生、上手だねぇ。さっぱりしていいわぁ……」。母からの電話は半分涙声でした。

冒頭のメールから一ヶ月後には、退職を迫られながらも、免許代を返済するまでは辞めるに辞められないめぐみから、「眠れない、食べれない」メールが届きます。めぐみ「夜、遅くにごめんなさい　最近マジで涙もろくてヤバいです　どうしましょう」。私「涙もろくてもいいじゃない　状況的には不思議じゃない」。めぐみ「ちゃんとした人間になりたい」。私「君はちゃんとした人間です」。めぐみ「そうかな……人間的な感情はあまり無いよ?」。私「そんなな ら涙もろくなりますかいな　人間的な感情を深い場所にしまってあるだけです　ないわけじゃない」。めぐみ「そっか、まだ感情があったんだ　まだ人間になれるかな　そろそろ泣きやみたいんだけどどうしたらいい？」。私「散歩にでも行っておいで　虫やら蛙やら鳴いてて一人ぽっちじゃない気になるよ」。めぐみ「うん　散歩してみる　ありがとう」。

「笑えないと、仕事させないって言われた」。八月末、免許代の三〇万を返し終わる三月で解雇されることが決まりました。

進路決定の時期を迎えた三年生が、ぽつりぽつりと保健室にやってきます。牛乳が飲めないのに大手乳業の試験を受けるカズキ。「私は幼少の頃より貴社の牛乳を愛飲しており……」。面接練習の真剣な口調に、思わず吹き出してしまいます。二行分の空白を埋められなくて、履歴書の前で頭を掻きむしっているダイスケ。本気でやりたいかどうかわからないのに親に大金を払わせて専門学校に行くことに怯《おび》えて泣いてるナツミ。授業態度の悪さがたたって、就職試験を受けられないユウキ、……。

２年生の秋に母をガンで亡くしたミサキが、就職試験を翌日に控えた放課後、「先生、肩揉んで欲しい……」とやってきました。たっぷり時間をかけてマッサージすると、最後に大きい息を一つついて「行ってきます」と出て行きました。

彼らがこれから乗り出していく外海は、大波の連続です。どんな波も乗り越えられる力をつけて旅立ってほしいと願いますが、対症療法的な知識や技術では乗り越えられない波がくることも、一人ぼっちの心細い足元をさざ波にすくわれることもあるでしょう。それでも何度でも漕《こ》ぎ出そうとする意思を、学校は支える場所でありたいと思うのです。

旅立つ子どもたちを見送る三月、戻ってくるめぐみの髪を、今度はもっと上手に切ってやりたいなと思っています。

第二節　「あなたが居たい場所に居ていい」が強く響く意味

――教職学生は「山形実践」をどう読んだか――

「山形実践」との出会い

私・福井は担当している教職論の授業で、本章の第一節とした山形志保さんの実践記録を紹介することにしました。そこに見る「山形実践」に私はかねてから注目し、勤務校の保健室に丸一日滞在して調査させてもらったこともあります。発表された実践記録はいま前節で紹介したもの以外にもたくさんあるのですが、ほぼもれなく読んだと思います。

これらを教職の授業で紹介した理由は、学校の実践現場で直面する「子どもの貧困」と、それに向き合う実践を学ぶことは、教職をめざす学生にとって、必須の課題だと思うからです。それに「山形実践」は教育現場を極めてリアルにとらえ、表現しているので、学生が今日の学校における養護教諭の仕事とその専門性をどう考えるかを深めるきっかけとなり、彼らが持っている養護教諭像を大きく変容させることにもなると感じたからです。さらに言えば、それは、じつは、現実の学校社会と子どもが求めていること自体が、いままでに考えられてきたものから大きく変化しているということにもなりますから、まさに実践的な課題を学ぶことに他なりません。

私が勤める滋賀県立大学には環境科学部、工学部、人間文化学部、人間看護学部の四学部があり、教職課程では、中学・高校のいくつかの教科教諭免許と養護教諭、栄養教諭の免許取得をめざす学生が一緒に学んでいます。この教職論という授業を担当して授業を構想したとき、私には教員免許状職種の枠を越えて、それぞれの仕事の内容と独自の専門性について理解しあえるようになればよい、という願いがありました。また、滋賀県立大学は、地方の公立大学だけに、おとなしく真面目に頑張ってきたと、自らをふり返る学生がほとんどです。自分の生い立ちも「恵まれていた」と感じている学生が多いと思います。そうした学生たちに、「山形実践」を読んで欲しいと考えたのです。

山形さんは困難を抱えた生徒や元生徒の暮らしの状況をリアルに紹介し、そうした生徒たちとの密度の濃い関わりを軸に援助の内実を描いています。そうした実践にふれて、貧困・虐待・家族離散など、深刻な困難を抱えた生徒たちに心を寄せて援助することの意味と意義を考えて欲しいと思ったのです。このように考えて授業をしてみると、表面上は見えなかった学生の抱えた困難が、「山形実践」に出会ったことをきっかけにして表出されることもありました。

「生活綴方的大学授業」のスタイル

私は毎回の授業の後に、A6判の用紙に授業感想を書いて提出してもらいます。教職論の受講生は毎年一二〇名ほどですが、そのうちから毎回三十数人の感想を抽出し、氏名欄は除いて縮小印刷します。A3用紙に貼り合わせると三枚です。それを次の授業で資料として配布してみんなで共有。授業のはじめにはその資料を読む時間を少し取り、その後、授業感想に私がコメントすることから授業を始めています。これを「生活綴《つづり》方《かた》的大学授業」などと自称してきました（民間の教育運動として、日本では大正時代から始まった「生活綴方運動」がありました）。

山形さんの実践記録を読んだ学生の授業感想からは、大きくは二つの発見があったことがわかりました。一つは、養護教諭の職務内容自体が変化しているという発見です。もう一つは山形さんの実践そのものへの驚嘆です。

まず、養護教諭の仕事は、ケガの治療と身体測定が主たるものだと思っていた、というのが一般的でした。これは大半の生徒の体験的な理解です。山形さんの実践記録は、このようないわば古典的な養護教諭像を具体的な事実で打ち砕きます。

「山形実践」への驚嘆は、先生が向き合っている子どもの困難の深刻さと、それに誠実に関わりながら人間的な援助を展開している姿のすごさを受けてのものです。

学生の授業感想には、「とてつもない衝撃を受けました」「心が揺さぶられました」「記事がとても心に突き刺さりました」「強烈で、釘付けになって見ました」というような文言が率直に綴られ、強い印象を受けたことがうかがえました。以下、そのような感想を手掛かりに、養護教諭山形さんの実践を切り口にして、格差・貧困の中の子ども理解について考えてみたいと思います（以下に取り上げる学生の授業感想は、原文のまま。引用の前後に＊印を入れています）。

「待っています」の言葉が持つ意味

＊山形志保さんのお話をきいて、とてつもない衝撃を受けました。お話の中の、ミホ

や、ケンタやリナのように、「いつか見捨てられるんじゃないか」「自分を受けとめてほしい甘えと、受けとめてもらえない恐怖」を今の私自身が抱えているからです。きっと、誰だって少なからず持っている気持ちで、皆は口に出さずに耐えているんだろうな、口に出すのは自分に甘い弱いことなんだろうなって、思うのですが。福井先生、お話ししていただけませんか？＊

この学生は、その後研究室を訪ねてきてくれました。そこで彼女が話してくれた内容は「山形実践」と重なり、しかもリアルでした。彼女は言います。

〝じつは、事情があって祖父母と暮らしている、祖父母はとてもよくしてくれるのだが、「いつか見捨てられるんじゃないか」と思う。だから、「自分を受けとめてほしい甘えと、受けとめてもらえない恐怖」をぬぐうことができない〟というのです。

この感想を書いたのは、第七回目の授業でした。この学生は初回の授業から少し気になっていました。授業中の態度は印象に残るほど極めて熱心だったのに、授業感想がなかなか書けず、次の授業の時間が来てしまうことを繰り返していたからです。

「どうしてかな？」と尋ねると、「感想が書けない」という返事。「じゃあ、明日届けてくれてもいいよ。待っています」と伝えたら、いま紹介した感想の最後に、『待っています』と言ってもらって嬉しかった」と書いていました。思いは内面に溢れているのに書けないのです。それは、「皆は口に出さずに耐えているんだろうな、口に出すのは自分に甘い弱いことなんだろうなって」いう強い縛りのせいだったのでしょう。厳しい家庭状況で育ち、理知的に自分を律して生きてきたなかでの身の処し方だったのだろうと思います。

そこに、「自分と同様の苦しさを抱えた生徒」がいた。しかも、その生徒に心を寄せて人間的な援助を実践する養護教諭がいた。その姿にふれて、また、その実践が肯定的に評価される授業を聞きながら、おずおずと語り出したのです。そうなるのに、授業も七回という回を重ねることが必要だった。学生が安心して自分を出すのに必要な教育がもつ「時間」のかけがえのなさを感じます。

「指導する、アドバイスする」の積極的介入型を問い直す

自分のなかで自然に形成されてきた教師像が揺さぶられた学生がいます。それを「教師の立ち位置」という表現で書いてくれました。

＊「教師の立ち位置」

養護教諭の山形さんのコラムには心が揺さぶられました。異なった背景を抱えた多種多様な生徒に、どうやって向き合って、どうやってもっと深い所で寄り添ったら良いのかをきちんとわかっていらっしゃって、さらに自分の存在するべき立場をわきまえていて、尊敬の一言に尽きます。「『無理なことは無理だと言っていいし、それを受けとめてもらえる』安心感が必要」だという言葉には、ある種、教師らしくないなとも思いました。でも、山形さんの様に「親と教師の間」のような教師こそ、生徒に心を開かせ、本質をとらえて理解できる存在なのだろうなと思わされました。

＊

山形さんの、「『無理なことは無理だと言っていいし、それを受けとめてもらえる』安心感が必要」だという言葉を、「ある種、教師らしくない」と感じるのは、この学生がこれまで抱いてきた教師像が揺さぶられたからでしょう。「よい子・できる子・がんばる子競争」の社会を生き抜いてきて、自然に身につけた競争社会に適合する教師像は、「子どもに頑張らせること」を第一義とする教師像だったのでしょう。それをスタンダードだと受け止めていた（「受け止めようとしていた」というのではなく、それは疑うことすらないものだったのでしょう）。しかし、どこか、完全に肯定できない思いもあったのだとも思います。

その思いのなかで「山形実践」に出会ったのです。

私は以前、山形さんに、「困難を抱えた生徒に寄り添う上で、一番のポイントは何だと思うか」と尋ねたことがあります。彼女の答えは、「指導しないということですね」というものだったのを思い出しました。

そのことを念頭にこの学生が感じている感覚を考えると、どうやらそれに接近しようとし、生徒に心を開かせ、本質をとらえて理解できる存在」である教師になるにはどうすればと考え、「生徒には「どうやってもっと深い所で寄り添ったら良いのか」という模索があると感じます。「弱音が吐ける存在相手」としての教師像は、多くの子どもにとって、鎧《よろい》を着て身構える必要のない、本当に信頼できるものなのだと思います。それは、「頑張らないといつか見捨てられるんじゃないか」という不安から解放される安心感と重なるのです。

しかし、一方で、「生徒に弱音を吐かれても困る」と感じてしまう教師たちがいるのも現実です。そのような教師たちの内側では、「弱音を受けとめてもどうすればいいのかわからない」、「受けとめる自信も時間もエネルギーも無い」というような思いと現実が渦巻いているのかも知れません。

＊「私にできることをやろう」

今日は北海道の高校の養護教諭の山形志保先生の書いた記事に考えさせられました。私は教師は生徒の相談に対して、常に何かアドバイスをするべきなのだと思っていました。だから、もし自分が教師になって、生徒が自分に相談してくれたとしても、自分が生徒の役に立てるのだろうか、相談して意味なかったと生徒に思われたらどうしよう、という不安というかプレッシャーがありました。しかし、記事を読んで、アドバイスをするというよりも、生徒の話に耳をかたむけ、受け止めてあげることが大切なんだとわかりました。記事の中の「あなたが居たい場所に居ていいと伝えること、身体に触れること」や、福井先生の授業での「自分が生きていくことを肯定してくれる人がいることを伝えること」という言葉にも、確かにそうだと共感しました。生徒にうまくアドバイスできる自信はないけれど、そうではなくて、話を聞いてあげるなど、私ができることを精一杯やってあげたいと思うようになりました。＊

しかし、「生徒の話に耳をかたむけ受けとめる」、というのも簡単なことではありません。なぜなら、教師の側にも、子どもの側にも、容易には越えられない壁があり、それが日常的に再生産される厳しい現実があるからです。

その壁とは何か？

まず、教師の側です。教職に就くような人にとっては、「子どものために」というのは、「天の声」「神の啓示」のようなものです。至上命題です。みんなそう思って子どもに向き合うはずですが、往々にして、「子どもがかわいく思えない」という悩みに直面します。子どもはいつでも素直でいるわけではありません。「よい子でない子、できない子、がんばれない子」を目の当たりにして（多くの場合、そうした子は反抗的態度を示すのです）、その子にどのように共感するのか、教師のなかに湧いてくる苛立ちや、時には怒りの感情をどのように処理するのか、という困難な問題があります。教師の仕事が、対人援助の専門職として「感情代謝労働」などと呼ばれるのもそのためです。いつもこのような葛藤にさいなまれながら、教師はその時々の判断を瞬時に迫られているのです。

当事者の子どもの側はどうでしょう。子どもが抱えている問題を教師に打ち明け相談するまでには、いくつもの壁やためらいが生まれます。最大の問題は、「大人はわかってくれない」という生活認識でしょう。例えば、自らを「難民高校生」だったと名乗り、月の内に二五日は夜の渋谷を徘徊していたという仁藤夢乃《にとうゆめの》さんは、「大人はわかってくれない」と思う意味について、次のように書いています。

「私が誰にも家のことを打ち明けなかったのには、親を悪く言いたくない、親を悪く思われたくない、親や誰かに自分の不安をばらされたくないという思いがあったからでもあります。

たくさんの裏切りや傷つきにより、大人は信用できない！　と思っていたので、相談機関など、見ず知らずの人に相談しようとは考えもしませんでした。児童相談所への相談を勧められたこともありますが、『私はそこまでじゃない』『そんなところにいったら、どんなことをされるかわからない』と思い、相談しませんでした(1)」

このように思っている相手に、何を伝えれば心を開いてもらえるのでしょうか。親をかばっている仁藤さんは次のようにも言います。「（高校生の頃の家庭の状況は、）家族と顔を合わせれば暴言や暴力が飛び交い、家族が包丁を持ち出して、殺すか、殺されるかしかないと思った日もありました(2)」と書くような状況だったのです。

このような深い困難を抱え込んだ子どもに対し、山形さんがしているように、「居たいところに居ていい」と、当人の判断を無条件で肯定することは、深い受容のメッセージとして届くでしょう。そして、その居場所を大事にする、体温を測ったり、脈をとったり、身体に触れて慈愛の感覚を伝えるという人間的な感情の交流を深める自然な積み重ねは、やがて信頼できる大人を発見してもらう重要な実践です。

「あなたは悪くない」「悪いのはあなたじゃないよ」というメッセージが、子どもの深いところに届くためには、教師のその思いが真実のものになっていなければなりません。嘘や迷いを含んでいてはだめなのです。深く傷ついた子どもほどその目は鋭いものですから。

共感的な受け止めを支える社会認識

それでは山形さんの考えを自分の血肉とするためには何が必要なのか？　それをひも解くには、山形さんの努力がどのような社会認識で支えられているかを考えることが大切です。なぜなら、そのような確かな認識があるからこそ、真実の響きとして受け止められるからです。

では、その認識をひと言で言えば、批判的な社会認識と言っていい。それは、子どもがその生活史のなかで深く傷つく体験が様々に語られるようになった現代日本社会で、個別の子どもの悩みにていねいに関わりながら、問題をその子の個別性に解消せずに、社会構造に根ざす問題だと認識しているということです。この認識は、彼女の属する保健サークルでの学びや教職員組合での活動経験なども含んで形成されてきたのだろうと、私は思います。

このことが「なるほど」と腑に落ちる学生の感想文を次に掲げましょう。

＊「人を分かりたいから、社会を知る。社会を知るから気持ちを受け止めあえる」

山形志保さんの事例を読み、また、福井先生の話を聞いて、社会状況や人々の暮らし、事件を知ることで、表面上では見えない問題に目を向け、生徒の気持ちに寄り添うことができるため、社会の流れを敏感につかむことが子ども目線で考えることにつながると考えた。私が生徒だったら、例えば悩みがあって保健室に行っていなくても、担任の先生や他の先生にでも、「元気ないね。忙しいから疲れるよね」など、自分の生活を分かった上で気遣ってくれたら嬉しい。生徒の生活や苦しさが分かっているからこそ、言える言葉がある。福井先生が言っていた通り「学校全体がホットステーション（温かい居場所）」になるためには、社会の流れを把握して、生徒の苦しみを分かるだけでなく、先生同士が苦しさを分かち合えば、自然と生徒・先生の区切りに関係なく「人と人」との関わりとして、「辛いことがあれば相談」し、「受け止めてもらえたら嬉しい」というやりとりが多くなり、「人が支え合うのっていいなあ」と皆が思えるような学校になると思う。＊

この学生の掲げたテーマ「人を分かりたいから、社会を知る。社会を知るから気持ちを受け止めあえる」には感心しました。多くの学生の思考はともすれば心理主義的な方向に傾斜しがちなのですが、「社会のなかで生きる子ども」、「社会のなかの学校と教師」という関心の開き方はとても大事だと思います。その社会にうまく適合することを求められて、それに応えようとしてきた学生が多いために、その社会そのものを批判的に検討する視点は持ちにくいのです。子どもの示す事実と教育実践の実相を学びながらそのような視点を獲得できればと願います。

縛りから解き放たれるメッセージ

多くの学生が取り上げた山形さんの言葉に「あなたが居たい場所に居ていい」というのがあります。先に述べたように、「当人の判断を無条件で肯定することは、深い受容のメッセージとして届く」と考えても、それを生徒に対して公言するには、やはり、ここにも越えなければならない壁があるでしょう。つまり、きちんと、あるいはちゃんとを優先する学校的規律、点数至上主義、単位認定時数の縛りなどがあるために、葛藤が生まれるだろうと思うからです。

何かと言えば「規範意識」という言葉が飛び交う現場の実情もあります。そのような学校の空気を深く吸って育ってきた学生が、そうした縛りから解き放たれることを意味するメッセージとして、山形さんのこの言葉に強い印象を受けたのだろうと思います。

＊養護教諭の記事がとても心に突き刺さりました。たくさんの背景を持った子どもが現実にいることが分かったし、どのように接していけばいいかもヒントがもらえたような気がします。「あなたが居たい場所に居ていい」、この言葉をもらうことでどれだけたくさんの生徒が救われるのでしょう。まず、生徒の気持ちを受け止めること。そして生徒が自ら行

動にうつせるように手助けすることが大切なんだなと思いました。＊

この学生が言うように、山形さんの学校の生徒たちもこの言葉に救われ心を開いていったのでしょう。山形さんが生徒たちから「信頼できる大人」と認定されているからこそ、自分の「内面の真実」を打ち明けていくのだと思います。山形さんは、子どものなかの深いところから、「話したくなる」という気持ちを引き出しているのだと言えます。

もう一つ紹介しましょう。

＊「Hot station」

北海道の養護教諭、山形志保さんの文章を読んで、一人ひとりにこんなにスポットを当てていることに、そして、それだけ深い内容を生徒が自分から話していることに驚きました。私の中学校では、養教（養護教論）の先生が違う学校に行ってしまい、新しく何となく怖い先生が来たのですが、途端に保健室に行く人が減ったように思います。私自身は精神的に辛くても保健室にお世話になるタチではなかったので、前の養教の先生の対応を見たことはなかったのですが、にじみ出る包容感というか、受け止めてくれそうな安心感みたいなものを感じていたように思います。福井先生がおっしゃったように学校自体がホットステーションになることが一番大切なことだとは思いますが、学校から逃避したくなる生徒をつなぎ止める架け橋として、保健室が機能してくれれば嬉しいと思います。＊

山形さんに対して、「深い内容を自分から話している」生徒の姿に驚いているのですが、これは「深い内容」、つまり自分の「内面の真実」などは他人に打ち明けてこなかった多くの学生の共通の育ちがあるからでしょう。

「学校から逃避したくなる生徒をつなぎ止める架け橋として、保健室が機能してくれれば嬉しい」というのも、幾分かは自分の友人などを見て感じてきたことが反映しているでしょう。学校から逃避すると、どこへ流れ出るか不安で、安心できる居場所がなかったということの反映なのかもしれません。

＊「子どもの居場所」

山形さんのお話は、強烈で、釘付けになって見ました。様々な問題を抱え、自分自身を信頼することすらできなくなってしまった生徒たちにとって、山形さんという、自分を肯定してくれる大人の居る保健室は、なくてはならない居場所なんだと分かった。今まで、問題を抱えた人たちを、私は、「どうして喫煙とかリストカットとかするんだろう」とか、

「なんで家庭環境が悪いだけでまともに生きられないんだろう」とか軽く思っていただけで、何にも分かっていませんでした。山形さんのおっしゃる通り、『居たい場所に居ていい』と伝えることが、生徒のその後の行動がプラスになることに繋がることに驚き、そのくらいデリケートな心を大事にすることが、教師の役割のうちでもっとも重要な一つになるんだと思いました。＊

生徒たちは自分を信頼してくれるからこそ、山形さんを「信頼できる大人」として認定していくのです。このような相互信頼は、人間的な感情の交流がないと生まれないものでしょう。その山形さんの生徒認識の基礎は、どの生徒も生きる主体として見る、ということにあると思います。それを端的に示すのが、「子どもが自分で人生を切り開いていく力」という言葉です。この言葉に触発されて自分の友人の姿を思い浮かべ、生きるということや学校の意味を考えた学生もいます。次に紹介する学生です。

＊「教育の場所」

山形志保さんの文章やお話を聞いて、「子どもが自分で人生を切り開いていく力」というフレーズがとても印象的でした。私の中学校の先輩も高一で妊娠・中退・出産を経験し、相手の男性とすぐ別れてシングルマザーとして頑張っていることを中三の時に知りました。当時、先輩は「周りが遊んでるから遊びたいけど、子どもがおるしって考えたら無理やからストレス溜まるわ～」と笑いながら言っていました。現在は子どもは小学校に入学して「少し時間できたから働きながら勉強しようと思って」と言っていました。生活も正直キツキツで大変なのに、なんで、何を学ぶんやろと思って聞くと、「子どもを育てながら、いろんな人にいろんなことを教えてもらってん。あたし、中卒やから知識全然ないしさ、みんなの常識教えてもらっただけかもしれんけど楽しかった。学ぶってこんな楽しいんやってことを子どもにも知ってほしいからってのもあって、学校行きたいなって思ってる」と言ってました。先輩は、義務教育期間しか教育を受けていないけれど、教育は場所を問わず（基本的に学校だと思いますが）、何歳になっても自分の意志さえあれば学べるものだと思いました。＊

山形さんの多くの実践記録を読んでも、制度としての養護教諭の職務範疇《はんちゅう》を越えているだろうと思うことがたくさんあります。生き惑い困っている生徒を放っておけない、だから職務上の経験はもちろん、公私にわたる様々なネットワークをその生徒の課題に即して活用しているのです。養護教諭だから仕事の上でそうしているというより、困難を抱えた生徒・青年を放っておけないという人間としての〝思い〟があって、彼らを支えるために養護教諭という職と経験を活用していると言う方がふさわしいとさえ思います。

「子どもが自分で人生を切り開いていく力」というのは、困難を抱えた子どもに心を寄せる教師ならではの言葉だと思います。子どもを巡る状況は、多くの場合、困難が重複していて簡単に改善できる展望は持ちにくい。それが現状です。

しかし、そのなかでも、子どもは自分自身が希望を持って、自分を豊かにしていく道筋を描きたいと願うのです。その子が直面する生活の場面で、その子のニーズに合った学びを保障していける学校にしたいものです。

山形さんという一人の養護教諭の実践と学生の感想を読みながら、「子どもたちの生きる世界に向きあう保健室」を考え、子ども・青年の生涯にわたる人間的な成長・発達を支える社会資源としての学校像を描き直すことが大事だと思いました。「保健室から創る希望」を語る意味もここにあります。

第1章第二節での注
1　仁藤夢乃「『難民高校生』だった私から大人のあなたへ」『教育』二〇一六年七月号、一九ページ。

なお、仁藤さんの次の二つの著作もご自身やルポをした女子高校生たちの生活や心情理解の参考になります。『難民高校生　絶望を生き抜く「私たち」のリアル』ちくま文庫、二〇一六年。『女子高校生の裏社会「関係性の貧困」に生きる少女たち』光文社新書、二〇一四年。

2　同上誌、一七ページ。

第2章　養護教諭って、なんだろう？

――山形志保さんの実践と歩みから考える――

第一節　あたたかい「ほけんだより」で伝えるもの

この章では養護教諭の仕事あるいは保健室の仕事という角度から、その内容や意味を考えてみたいと思います。

私・福井は、第1章第二節の最初の方（三九ページ）で、学生の感想文にあった一つの見方がこの仕事に対する一般的なイメージだと述べました。感想文を書いた学生が理解していたのは、「ケガの治療と身体測定が主たるものだ」という自分の体験からのものでした。

これは「古典的な養護教諭像」です。

各学校では「学校保健計画」というものが作られていて（例などはインターネットで見ることができ大体どこも似たようなものです）、保健室はその計画にのっとった業務に従事することになりますが、実際の流れや内容は学校種や規模によって違うようです。保健室の仕事の流れは通常そのようなものなのですが、山形さんは〝四月の健康診断とその事後措置は必須の仕事ですが、大事にしているのはひとりひとりの生徒との応答です〟と語っていました。

私は、山形さんの生徒たちへの接し方の実際の姿から学びたいというものがありましたから、その具体例を知る機会があればと願っていました。

そんな折、山形さんから次のような話をうかがいました。

「一二〇名の生徒に個人宛の『ほけんだより』を書いていて、それに結構エネルギーが要るんですよ」というものでした。

この「ほけんだより」というのは、一学期の初めにおこなった健康診断結果を生徒に知らせる「たより」のことでした。それを例年どおり七月におこなっているということでしたから、良い機会だと私は考え、山形さんにお願いして、現場である保健室を訪ねてインタビューと実地調査をおこなわせていただきました。

「ほけんだより」の風景

「ほけんだより」には、その冒頭に以下のように書かれていました。

「健康診断の結果をお知らせしま～す。病院に行ってみた方がいい人には、病院に行くときに持っていく『お知らせ』もつけたので、忙しいとは思うけど、なんとか時間を見つけて病院に行って欲しいなあと思っています。働くのも遊ぶのも勉強するのも恋をするのも、まずは健康が大事だからね」

これが、山形さんが定時制高校の生徒に届けたい冒頭のメッセージです。そこに書かれている「お知らせ」には生徒の所属科や氏名などの個人属性が書かれていて、続いて、身長、体重、握力、視力（矯正）、聴力、尿検査の結果があります。さらに、内科検診（血圧）と歯科検診結果が記入され、最後に「メッセージ」と題した自由記述欄があります。ここが一番山形さんらしさが出ている「エネルギーが要る」ところなのだと思いました。

歯科検診の欄には、歯並びの図が示され、虫歯は赤、虫歯になりかけは緑のマーカーでチェックされています（「色覚に問題のある子にはこのマーカーでのチェックではダメなんだよね」と解説されました）。

仕事中の先生の机上には、三種類の資料が置かれていました。

①　人数分の「ほけんだより」用紙。

②　身体測定の記録、この裏面は生徒本人が記入する保健調査票（連絡先、保険証の種類、既往症、持病、治療中の病気などのほか、体質や自覚症状について経年的に丸印を付ける欄がありします。例えば、立ちくらみ・めまいがある、朝食を抜くなど一八項目）。

③　生徒・学生健康診断表（身長、体重、座高、視力）。裏面は歯科（歯・口腔）診断表。

　この②と③の資料を見ながら、一人ひとりに検診結果とメッセージを記入していくのです。メッセージ記入には一人につき一〇分くらいかかるということでした。「気を遣うし、的外したらおかしいでしょ。だから、よく知らない子が難しい」と言いながら、「ちょっと知ってるという子も難しい」というのです。診断結果の数値などだけを見るのではなく、その生徒の生活や心情の全体をとらえようとしているからでしょう。

　A4判用紙の最下段約三センチがそのスペースです。そこに五～六行の文章、文字数にすると一五〇字前後を書いていきます。しばらく様子を観察していましたが、書きながら、何度も調査票を手にして読み直しています。矯《た》めつ眇《すが》めつ見ている調査票は、記録以外にその生徒の物語を思い起こす手掛かりになっているように見えました。

山形さんの「メッセージ」を読む

山形さんが書いたいくつかのメッセージを見てみましょう。

A君へ

【歯科検診】

今年の歯科検診は欠席でしたね。参考までに昨年の結果を記入しておきます。もしまだ治療に行っていないようでしたら、卒業前に治しておいた方がいいと思うので、夏休みを利用して歯医者さんに行ってみて下さい。赤が虫歯で、緑が虫歯になりかけの歯です。

【メッセージ】

Aくん、ボーリング上手なのネ♪　この間はちょっと疲れてたみたいね。大丈夫ですか？

視力が低めですが、見えづらくないですか？　学校ではあんまり遠くの字を見ることもないので気になっていないかもしれませんが、運転免許の取得の時には眼鏡が必要になってくるかもしれません。心配なようでしたら、もう一度視力を測ってみましょう。いつでも保健室に来て下さい。

これを読ませていただきながら、「Aくんは検診は欠席だったんですね」と語りかけると、「六月頃までは遅刻が多くて検診に間に合わなかったのです。この時期は昼間は働いてなくて昼夜逆転の生活でした。四年生だし、担任が進路の話をしてからは遅刻が少なくなったということでした」という返事が返ってきました。気になるAくんについて、担任と話をして状況を把握しておられることがわかりました。

すべての生徒にこのような「ほけんだより」を書くことの大変さに感心したと私が言うと、「前任校の全日制高校では結果返却のみで、メッセージは書いていなかった。書かなくても向こうからしゃべりに来てくれたし、関わりのない子はいなかった。いまはしゃべる子が少なくて。一人ひとりにこんなにお手紙書くのは初めてですね」という話でした。全生徒を視野に入れて、積極的に関わりをつくっていこうという思いが生み出した、先生にとっても新しい実践だったのです。

私が、おもわず、「しかし、これは大変ですね」と言うと、それへの応答は、「秋桜《しゅうおう》高校の先生は担任じゃなくても一人の子に五回お手紙書くんですってよ」というものでした。秋桜高校というのは、大阪にある単位制通信制の高校で、困難を抱えた生徒たちに対するその取り組みは、教育雑誌などで報告され注目されているのです。山形さんはその学校の実践報告も読んで学んでいるのだということがわかりました。

B君へ

【歯科検診】

緑色は虫歯になりかけの歯です。今ならていねいに歯磨きすることで、虫歯になるのを防げますから、今までの歯磨きよりももう少し細かく長めに歯磨きしてみてください。昨年の歯科検診で「虫歯」と言われた歯が全部きれいに治ってます。ちゃんと歯医者さんに行ってくれて嬉しいです。

【メッセージ】

ちょっと前にK先生の授業の時に、四年の教室にちょっとお邪魔するだけのつもりが、ほぼ一時間授業を受ける羽目になりました。その時、私の右隣の席で黙々とノートをとるBくんの姿がありました。「めっちゃ勉強がんばってんなあ」って思いました。初心者の私にとっては全くチンプンカンプンの授業でした（笑）。電気ってムズカシイ……。Bくんスゲェです。

〈オマケ〉便秘はね。タイプにもよるけど、ヨーグルトと野菜と果実をジューサーでジユースにしたもの（スムージーっていうのかな）を朝飲むとけっこういいです。便秘が解消すればアトピーもけっこうよくなります。

これを読みながら、私がB君はどんな子ですかと聞くと、「お勉強はすごくできるんです。でも全然しゃべらず友だちも一人もいないの。このままだと就職もまず無理かな。自分で自分を変えたかったようで、いったんはクラブ活動を始めたけれど、すぐに定時制で演劇部に入ると学校が特定されるので退部してしまいました。最近は授業のなかで少ししゃべるようになってきたと先生方は言っていますけどね。保健調査票で一〜四年まで『便秘ぎみである』に○が並んでいて、『アトピーがある』も一〜四年と○。アトピーは体質もあるけどストレス症状でもあると見ています」というお話でした。

H君へ

【歯科検診】

緑色は虫歯になりかけの歯です。今ならまだていねいに歯みがきすれば虫歯にならずにすみます。奥の歯はブラシが届きにくい場所なのでちょっと大変だと思いますが、小さめの歯ブラシを使うなどの工夫でちゃんと磨けるようになるのでがんばってみてください。

【メッセージ】

四年生になったから勉強など忙しくなった毎日ですね。ほっと一息ついた時にしんどいなあと感じることがあったら、いつでも保健室に来てください。

このH君が「しんどい」様子だとあったので、お話をうかがうと、次のようなものでした。

「H君は最近『自分は強迫性障害ではないかと思う』と相談してきた生徒です。小学生の頃から苦しんでいたようですが、スマホの発達のおかげでキーワード検索して、『これだ』と確信を持ったそうです。ただ、ご家族は本人が大げさなだけで、そんなに大したことではないというとらえ方のようで、本人はなかなか周囲に理解してもらえない苦しみも感じています。

そんなわけで、スクールカウンセラーに相談して病院を紹介してもらいましたが、まだ行けていません。

今は、検定試験の多忙さでまぎれているそうです。何か集中してやることがあるときはそんなに苦しくないと言っていたので、検定試験が終わって一息ついたところが心配だなと思ってのメッセージでした」

H君への一言のメッセージの背後に、継続的な観察を踏まえた深い子ども理解があるのがわかります。こうした子ども理解をベースにH君に心を寄せ、彼の状況をイメージしながらの一言ですから、受け取る側から言えば「わかってもらっている」という安心感が生まれるのでしょう。

生徒会役員のY太君へのメッセージもありました。そこには、「保健室でのY太とのおしゃべりは楽しかったです。あなたの真面目な人柄に触れて嬉しかったし、若い人たちが希望を持って生きられる社会にしていかなくっちゃって思いました。がんばります。Y太も進路実現に向けてがんばってください」と書いてありました。

「おしゃべりが楽しかった」とありましたから、興味をひかれ、Y太君との「保健室でのおしゃべり」の内容を聞いてみました。そこでは「進路実現」への彼の切実な思いの背景が語られていたのでした。

「きちんと給料が出て、休みがあればいいな。早く家を出たい。自立できる収入がほしい。家族をつくりたいんです」と、自立への希望とそれを求める切実な気持ちでした。そこにはY太君の母子家庭での生活があったのです。

「絶対オヤジみたいになりたくない」（別れた父親はアル中）。「自分はこれとは違う家族をつくる」と言うのです。それだけではありません。母親については「メシ作らずにパチンコに行く。あり得なくない？」と言い、社会の理不尽さにも目を向けて「教習所に通うのに、全日（全日制）の子はローン組めるが、定時は組めないと言われた。差別じゃないか」「そのローンにしても、保証人が必要だからだとも言われたから、それじゃローンでなく現金で行こうと思って貯めてたのを母親に使われた。アリエナクネエ！」

こういう話が保健室で交わされ、「養護教諭とおしゃべり」する関係がつくられているのです。そこでは彼の家族と家庭を求める切ない思いが聞き届けられることになるのでしょう。山形さんは、「早く独り立ちしたいというY太君の思いはわかるけど、アパート借りるにも保証人がいるのが現状です」と述べていました。現実の厳しさを受け止めながら、それを変える希望を失わない語りがY太君を支え励ますのです。

心を寄せてその子の状況をイメージする

山形さんは、時間をかけて手書きのメッセージにこだわる理由を、「ショートメールやSNSではニコちゃんマークは来るかもしれないけど、手書きの手紙をもらうことはないだろうからね」と話してくれました。

自分の健康状態や日常の生活の様子を語り合い、ちょっとした会話を意味あるものとしてそれに応答してくれる、信頼できる大人の存在が思春期から青年期を生きる彼らにとってどれほど大きい意味を持っているかを考えさせられました。

この「ほけんだより」を使った私の授業を受けた学生から以下のような反応がありました。

○山形先生の「ほけんだより」から伝えられるメッセージとは。

「ほけんだより」を見て、「こんな個別的に書かれているほけんだよりは初めてだ！」と最初に思いました。一つ一つ手書き、一枚書き終わるのに一〇分、健康だけでなく、普段のこと、悩みに対する改善方法が書かれていて、本当に勉強になりました。一年前との比較、通年を通しての生徒の様子のアセスメントは、〝ずっと見ているよ〟というメッセージとともに〝頼ってね〟というメッセージも含まれていると感じました（いつでも保健室に来てね。スムージーなどの改善方法の提示から）。保健だよりからでも子どもたちと関わることができ、さらには健康面という自分の専門分野からのアプローチもできると知って、自分も山形先生のようなユニークで受け取り手が安心できるような保健だよりを発行できる養護教諭になりたいです。

これは人間看護学科で養護教諭を目指している学生です。多くの学生がこの「ほけんだより」への驚きと新鮮な気づきを書きましたが、とりわけ養護教諭を目指す学生は具体的な実践モデルを目にして強い刺激を受けました。何人かの感想を紹介します。

○その子にしか書けないコメント

養護教諭を目指すものですが、一人一人にコメントが書かれた「ほけんだより」をもらったらうれしいだろうなと感じました。自分がもらった側だと考えてみると、誰に対しても書けるようなコメントではなく、その子その子にしか書けないコメントは本当にうれしいだろうなと思います。それが担任の先生ではなく、保健室の先生も見ているよという安心感を得るだけで、自分は守られている、味方がいるという支えになると思います。

○あたたかい「ほけんだより」

「ほけんだより」を見て、一人一人にコメントが書かれておりすごいと思った。だけど当初私は、「Hくんのメッセージのところに、〝しんどくなったら保健室に来てね〟って当たり障《さわ》りないことが書いてある。書くことなかったんかな」とか思ってしまった。自分が恥ずかしいです。生徒一人一人の今置かれている状況や、一年前からの変化など細かなところにまで目を向けて、〝みんなのことを見ているよ〟という姿があり感動しました。一枚に一〇分かかると聞いたとき、私は「短い」と思いました。生徒一人一人のことを思いだし、多くの資料を見くらべ、こんなにたくさんのメッセージを手書きで書くなんて、生徒のことをよく知っており、関わりがないと、個人へ向けた深いメッセージはどれだけ時間があっても書けないと思います。

○養護教諭の役割

養護教諭とは全校生徒を相手とし、身体と心の健康を保つための役割であることが改めてわかりました。「ほけんだより」にある一人一人へのメッセージは〝ずっと見守ってもらえている〟ということがしっかりと伝わりすごいと思いました。

先日の出来事を書きます。ある友達に「養護教諭って楽ちゃう?」って言われました。この授業を受ける前の私では確かにそうなのかなと思っていたと思います。しかし、全校生徒を相手にすること、様々な問題を抱えた生徒がいること、そして一人一人に合った対応をしなければならないことなど、この授業で学んだことを伝え反論できました。自分の考えが甘かっただけなのかもしれませんが、この授業で養護教諭の本当の役割を知ることができました。ありがとうございました。同時に、養護教諭についての、生徒も含めた社会の認識がどうなのか気になりました。

この感想は、山形さんの実践を学ぶことを通して、養護教諭の現代的な役割をつかんだと述べていますが、この学生の指摘のように、「生徒も含めた社会」とともに、職場の同僚間でさえ、そのような養護教諭の取り組みについての認識がまだまだ十分ではないのではないでしょうか。残念なことです。

それだけに、いくつかの教科の教諭と養護教諭、栄養教諭を目指す学生が同じ教室でともに学ぶこのような授業は重要です。一緒の場＝「教室」で、それぞれの職務の専門性について実践を通して学ぶ機会の大事さを痛感します。

その意味からも、次に二つの例をあげておきましょう。まず、国際コミュニケーション学科所属で、英語教諭を目指す学生の感想を紹介します。

○人に目を向ける

「ほけんだより」のなかにあった「特にちょっと知っている子はムズかしい」という言葉が印象に残りました。

でも、それはとても納得がいくような気がします。きっと、自分の少し適当な態度や、ちょっとした知ったかぶりであるような言動で、その子どもと自分の関係は簡単に崩れてしまうと思うからです。

一枚一〇分で一二〇枚。単純計算で一二〇〇分。二〇時間の時間を使います。でも、その先生が、生徒のことを考える時間というものが本当に大切なんだと思いました。先生のその手間（今回の先生はそれを手間だと考えていないのかもしれませんが……）は、きっと生徒に伝わるものだと思います。

一年前まで高校生であった私は、自分のことを見てくれていると感じると、きっとうれしいと思います。というか、みんな自分を見てもらえることに喜びを感じると思います。しかし、あなたのことを見ているよと示したいなら、本当に普段から生徒たちに目を向けている必要があります。この先生は普段からしっかり目を向けているからこそ、一〇分もかけて生徒のことを考えられるのだと思いました。

「見守られているということへの憧れ」とでもいう感覚は、多くの学生に共通するもののように思います。「よい子・できる子・がんばる子競争」のはびこる、今日の社会への問題提起なのだとも思います。

二例目は、栄養教諭を目指す生活栄養学科の学生です。「社会情勢を背景とする教育」という標題で感想を書いてくれました。

○社会情勢を背景とする教育

子どもには一人ずつ家庭の事情や各々《おのおの》の事情があって、人から見たら大したことない悩みでも、その子からしたら真剣に考えていることがあるかもしれない。そんな様々な事情の中で子どもへの対応を考えないといけないんだなと思いました。

山形先生の「ほけんだより」を読んで、とても考えられているなと思いました。一二〇人もの人を各々見て、考えてメッセージを送っているのは大変だと思うけれど、山形先生が心のよりどころになっている人はたくさんいると思います。そういう存在になるのは大変だし、心が純粋じゃないとできないと思うので憧れるなと思いました。

この私が担当する「教職論」は一年生配当の授業で、前期の授業でもありますから、まだ高校生の雰囲気の色濃い学生が多いのですが、「山形実践記録」のリアリティは、子どもの生活背景や社会情勢とつないで問題を考えようとする学生の目を開いていくことを物語っています。

次に、これまで紹介した感想文とは違いますが、このように見てきた山形さんの実践思想が、よく示されている彼女の文章を紹介しましょう。それは、彼女の以前の勤務校で、私が最初に保健室に調査に行ったときに目にした生徒への「尿検査のお手紙」です。

こんにちは。どうしても伝えたいことがあるのでお手紙を書きます。

尿検査についてです。どうか最後まで読んでください。

健康診断というのは、本来は私たち一人ひとりに保障されている権利です。みんなが健康に生活できるように、一年に一度の健康診断できちっと健康状態をチェックしましょう、そのお金は国や自治体（市町村）や会社や学校で負担しましょう、ということをずいぶん昔にその時代のおとなたちが決めたのです。抵抗力のない赤ちゃんに、病気で死んでしまわないように予防接種をするのも、今の医学では治らない病気（難病）になってしまった時の医療費がかからないのも、国民が健康で幸せな生活を送れるようにするのは、その人が暮らしている国の責任だという考え方があるからなんです。

健康は守るものです（「健康なんてどうでもいい！」というような生活をしていたら、いつかは病気になります）。

そしてそれは、自分の健康は自分で守るということだけではなくて、社会によって守られるものなのだと思います。

私は、みんなに、自分や他人の体を大事にできる人になってもらいたい、と思っています。将来、仕事に就いたときに、もしちゃんと健康診断をしてくれない会社だったら、過労死するぐらい働いても社長が知らんぷりしているような会社だったら、ちゃんと「健康診断を受けさせろ！」「休ませろ！」と言える人になってもらいたい。

親になったときには、ちゃんと子どもを検診に連れて行ってもらいたい。「お母さんも尿検出さなかったよ。いいんじゃない。学校の健康診断なんて受けなくても」と言ってしまう親にはなって欲しくないのです。

今まで書いてきたように、健康診断を受けることは権利です。と同時に義務でもあると思っています。

「生きる」は「活きる」です。いのちは活かすものです。この世でたったひとつの自分のいのちをどう活かしていくのか、泣いたり笑ったりしながら考え続けることが生きていくことだと思っています。

私たちは多くの人に支えられて生きています。あなたも私も誰かを支えて生きていきます。支えるために体と心が健康であることはとても大事なことです。

だから、健康であり続けるための配慮を怠らないことは、「いのち」をもっている者の義務なのです。

「権利」であり「義務」でもある健康診断は、「強制」ではありません。学校でおこなう健康診断が、特にそのなかでも尿検が、「強制的」になってしまっていることを反省しています。「無理矢理出させられた」という経験は、今後のあなたたちの人生にプラスにはなりません。

全員に出してもらいたいという思いが先行して、本来、健康診断がどうあるべきかということを私自身が考えなくなっていたことを反省しています。

本当の健康診断は一年に一度「自分のからだのことを知る」ための科学的で楽しい機会です。あなたたちが「受けたい」と思う健康診断に近づけるように考えていきたいと思っています。

これまで、私の思いを書いてきました。私ができるのはここまでです。このお手紙を最後まで読んでくれたあなたたちの、今後の判断と行動に期待しています。

検査セットがない人は今日の放課後までに取りに来てください。

5．31

○○高校保健室（山形志保）

この高校の生徒たちにとって、自分が一人の個人としてこれだけ真剣な問いかけを受けたことは、その育ちのなかで少ないのではないかと思います。山形さんのこの「お手紙」は、いのちと生きることへの哲学的呼びかけと言ってもいいのではないでしょうか。生きる主体としての生徒への敬意がこもっているというのが強い印象として残りました。

第二節　悩みながら生きる高校生に希望を見いだす

この第二節では、養護という仕事が持っている特質を「山形実践」が鮮明に浮き立たせていますので、その記録をそのまま示すことにしました。なぜなら、この仕事を正確にまた本質に迫って理解するには、抽象的な一つの表し方だけでは表現できないからです。例えば、養護教論の大事な仕事の一つを「共感的な子ども理解」と言い表しても、そしてそれが的を射ていても、その言葉だけでは伝わらないのです。人を相手にするこの仕事は、人やその生活が多様性に富んでいるだけに、すべてが個別的で一つの「答え」だけでは収まらないからです。

ですから、「山形実践」が示しているように、その個別的で具体的な立ち居振る舞いから学び取らなければ、自分の血肉として身につきません。

それでは、山形さんのルポでの「山形実践」に耳を傾けていくことにしましょう（「〇〇年前」などの表記は山形さんの原稿執筆当時のものです）。

想いを支えることで

「ツバメの巣はどうなるんだ？」二年生のタケシが呟《つぶや》いたのは、高校統廃合のための新校舎建設が進み、その年の夏には旧校舎が解体されるという、年明けの保健室でした。

私・山形が勤務する高校には、毎年春になるとたくさんのツバメがやってきて、校舎の軒下《のきした》に巣を作ります。タケシは子ツバメたちの巣立ち前に校舎が取り壊されることを心配していました。

入学した頃のタケシは、元々吊り上がっている細い目をさらにつり上げて〝「人なんて信用できねぇ」オーラ〟を放ちまくっている生徒で、この頃は建設業に携わる父の仕事が激減し、母のパート収入が一家を支えていました。保健室にちょくちょくやってきては、「働かねぇでゴロゴロしやがって……ぶっ殺してやりてぇ」と、父への不満を時折漏らしていましたが、自分よりさらに大変な環境で生きている級友たちとのお互いの苦労を分かち合うような年月のなかで、タケシの吊り上がった目尻は幾分垂れ下がったようでした。

「ギリギリまで工期を延ばしてもらうよう校長に直談判《じかだんぱん》する！」と言うタケシと一緒に、校長室に行きました。「タケシ君から校長先生にお話ししたいことがあります」と切り出した私の隣に、普段はだらしなく着崩している制服をきちんと着て、敬語で話をするタケシの姿がありました。

ツバメの巣は、タケシの想いを汲み取ってくれた多くの人々の協力のもと大切に見守られ、すべての巣からヒナが飛び立ったのを見届けたその日、校舎は解体されました。そして、その翌日、工事現場のプレハブ事務所に、深々とお辞儀したタケシの「ありがとうございました！」という大きな声が響いていました。

子どもはどの子もみんなその子の生きてきた生活のなかで培われた想いや願いを持っています。タケシは一年生の時からアルバイトをして動物看護士になるための学費を貯めていましたが、そのほとんどが生活費に消えてしまう生活の中で、働き過ぎの母の身体を気遣っていました。自分の夢どころか母の健康も守れない無力感に、投げやりな態度になりがちだったタケシでしたが、どうしてもツバメの巣を守りたいと思い、その想いを支えてくれる人々と出会えたことで、自分の生きる世界を肯定的に捉えることができていったように思います。

高校生のからだ・こころ・生活・学び

貧困と格差が子どもたちの生活と健康を直撃しています。学校は格差を縮めるどころか拡大する装置と化し、高校入試によって学校そのものが格付けされます。格付け最上位校と最下位校では出身者の生涯賃金はもちろんのこと、平均寿命も違ってくるだろうというのが、長年、教育困難校と言われる高校の保健室で生徒と出会ってきた私の実感です。

私の勤務校の生徒の虫歯の平均保有数は全国平均の四倍超です。ひとりで二〇本以上の虫歯を保有している子がどの学年にも二～三人はいます。入学時の健康調査では何らかのアレルギー性症状を持つ生徒が半数を占めます。保健室での問診からは「眠れない」「食べられない」「疲れやすい」「低体温」「低血圧」といったからだの状態、「イライラする」「うつ的傾向」といったこころの状態、「リストカット」「ＯＤ（薬の過剰服用）」「壁や物を叩いて自分の拳を痛める」といった自傷行為が多く見られます。

ひとり親家庭、あるいは両親ともおらず親戚の家や児童養護施設で生活している子が半数、三年前の調査では生活保護と授業料免除の家庭を合わせると四割を超えていました（二年前から公立高校の授業料は無償）。ひとりしかいない保護者が何らかの病を得て働けなくなっているケースも少なくありません。作って食べることがままならない生活のなか、欠食も多く、食べていてもインスタント物やコンビニ弁当という生活が、卒業して働き盛りになったときの身体にどのような影響を与えるのかとても不安です。

困難さは子どもたちの内にあるのではなく、彼らの生きる世界にあります。ともすれば子どもやその家庭の内側に閉じこめられてしまいそうな困難を、外側に開いてみせること、そして、内側の深い部分に根を張る願いや想いを汲み取ること、その上で、自らの願いを持って困難な世界に向き合う子どもを支えることが教育の仕事ではないかと思うのです。しかし、今、学校での学びは、希望を生み出すより失望を深めるものになっているように感じます。

黒板に数学の「解の公式」が板書される、あるいは、席の順番に英語の音読指名が回ってくる、そんな教室から九九の暗唱も怪しい、アルファベットを読めない・書けない生徒たちが保健室に逃れてきます。そんな生徒たちのつぶやきを拾ってみると……。

- 先生方が遠い。先生方は頭いいんだろうなぁ。遠すぎて何言われても腹立つ。私たちのこと何も知らないくせに。
- 私に「1」がついても関係ないと思ってるくせに、口だけ「ホラホラ（ちゃんとやらないと1がつくよ）」とか言うのが嫌。私の人生に責任もてないくせに。
- 先生のイヤミが嫌。「○○さんなりにがんばってますね」。（ちゃんとやってきたことに対して）「今までやってなかったからそろそろ焦ってきたのかな?」とか、「○○君は今回は（提出物を）出してますね」というイヤミ。
- 先生方はすぐ「帰れ、出て行け」って言う。
- ○○先生や○○先生に「どうせやらないいんでしょ。（文句は）やってから言いなさい」って言われる。

- （二年前から無償化されていることをとらえて）「授業料タダになってるんだからちゃんとやりなさい。人の税金で勉強してるんだからやらないならやめなさい」って言われた。
- （授業がわからず廊下の徘徊が止まらない生徒が）「1対1で教えてくれたら座ってられると思うけど、自分のために先生が増える訳じゃないから無理でしょ？」

学ぶ意味への問い

学習の中身に言及するつぶやきは、まったくと言っていいほど聞こえてきません。聞こえてくるのは「わからないことに対する諦《あきら》め」「自尊心を砕かれた悲鳴」「学ぶ意味への問い」です。

しかし、教師に対してため口はもちろん、「うぜぇ」「きもい」を連発し、時には暴言も吐《は》く彼らですが、保健室で急に敬語になる瞬間も何度か経験しています。それは、彼らの体調不良の訴えに丁寧に耳を傾けてから、からだの仕組みを説明し、病気の可能性や受診の必要性について検討し、どうすれば少しでも改善するかを、ともに考える長い時間のなかで訪れます。

自らが生きる困難な世界をからだを通して伝えてくれる子どもたちに、「あなたのことが大事だよ」とからだを通して伝えることができる場所が保健室です。お互いの想いが伝わり合ったとき、子どもたちは「ありがとうございました」の言葉を残して教室に戻っていきます。「タバコやめる気ないの？」（茶化すように）「どうしよっかな～。飯食った後の一服がうまいんだよなぁ」「やめなよ」「う～ん……やめたいんだけどね。金ももったいないしね」「お金ももったいないけど身体がもったいないよ」「でも、目覚めの一服もうまいんだよなぁ」……自ら喫煙常習者であることを告白したタケシと二年近くこんなやりとりを続けてきて、もうすぐ卒業というある日、私・山形に「プレゼントあげる」と手渡された袋の中には、『タバコはやめた！』と上書きされた未開封のマイルドセブンが入っていました。

生活とからだに寄り添うことなくして想いを支えることはできないと、多くの子どもたちに教えられます。

サヤカの物語

○生い立ち

四年前、「生まれてから今までいいことなんて一つもなかった。これからもいいことなんてないと思うから早く死にたい」。入学して間もないころ、保健室でこうつぶやいたサヤカは児童養護施設から通学する生徒でした。小学校入学前に母親が病気で亡くなり、父親はサヤカと二歳下の弟を、時には親戚に手伝ってもらい、時には家政婦を頼みながら育ててきましたが、いつしかパチンコで借金を重ねるようになり、サヤカが高学年になる頃には、夜逃げを繰り返すようになりました。公園で野宿することもあったという生活のなかで、何度か児童相談所にも保護されながら、それでも何とか親子三人の暮らしを続けていましたが、サヤカが中学三年の時に、故郷から遠く離れた土地で、保護・施設入所となりました。

サヤカは小学校からほとんど学校に行っていません。「先生が好きだったから結構ちゃんと行った」という三年生の時でも半分くらいです。小二程度の問題も解けないサヤカに高校進学は無理だと判断した施設の勧めで、中学を卒業したサヤカは知的な障害を持つ方のための職業訓練所に行くことになりましたが、最初から嫌々だったこともあって環境に馴染むことができず、万引きを繰り返して、施設に戻ってきました。そこで、どうしても他の子と同じように高校に行きたいと懇願し、一年遅れての高校入学となったのです。

入学したとは言っても授業にはまったくついていけないサヤカは、授業中も保健室や相談室に入り浸《びた》るか、廊下をフラフラ彷徨《さまよ》っているか、トイレにこもるかで、そうした学校での生活は施設に帰ってからも「指導」の対象になり、言われれば言われるほど反抗的にもなっていったようでした。

幼児から高校生までが集団で生活する施設で「周囲への悪影響」が問題視されるようになってきた夏休み中に、施設内で喫煙したことが決定打となり、児童相談所を経由し、その時は故郷で生活保護を受けて暮らすようになっていた父親の元へ戻ることになりました。夏休み以降、クラスメートとも教員とも一度も顔を合わせることのないままの突然の退学でした。

○一緒に暮らす

どうしているかと気になりながら音信不通の一年が過ぎた頃、サヤカから電話がかかってきました。「帰りたい」と言って泣きじゃくるサヤカが風俗で働いていることを聞き出すのにさほど時間はかかりませんでした。「帰っておいで」そう言わずにはいられませんでした。

ひとりで暮らすためのアパートを決め、生活保護の受給が決定し、暮らしの見通しが立つまでの四週間、私の家で一緒に暮らしました。大変だったのは食べること。ご飯と野菜があまり好きではないサヤカは放っておくとパンばかり食べ続けたり、甘いお菓子をご飯代わりにしてしまいます。気だるそうに机に肘《ひじ》をついて食べる姿は、長い間食事が楽しいものではなかった生活を物語るようでした。

外食に出かけても食べたことのない物はほとんど口にしません。私が仕事に行っている昼間の時間帯は知り合いの喫茶店で手伝いをさせてもらったのですが、そこでも苦労したようです。そこでは、お昼にまかないご飯を出してもらえ、私にとっては（お弁当を持たせなくて済むので）とてもありがたいことでしたが、食べられないものが多いのです。でも出されたものは全部食べないと失礼だという良識もあるサヤカにとって、何が出てくるかわからない状況は恐怖ですらあったようでした。

同じようなことが食以外の他の場面でも起こります。自分でも「人見知りが激しい」というサヤカはよほど慣れた人の前以外では、ほとんどしゃべりません。「何を聞かれるかわからない。聞かれても答えられない」「変なことを言ったらバカだと思われる」という恐怖心が、サヤカの行動範囲を極端に狭めています。会話が、体を売る行為以上に恐怖だったことが「キャバクラは無理だった」という言葉に込められていました。

ニートや引きこもりの若者を支援する団体がおこなっている学習会に参加することを決めたサヤカでしたが、実際にはなかなか足を運ぶことができません。「恥ずかしいんだよ……。『わかる?』って聞かれたら、わからないのに『わかる』って応えちゃう……」。八歳の勉強がわからない一八歳、羞恥心《しゅうちしん》の壁を乗り越えるのは簡単ではありません。

サヤカは故郷で差し押さえられた家に、母の遺影も子ども時代のアルバムもすべてを置いてきてしまっていました。故郷を遠く離れて、亡き母や幼少の頃に思いを募らせることもあったのでしょう。ある晩、こんなことを教えてくれました。「お父さんに『お母さんじゃなくてお前が死ねば良かったんだ！』って言っちゃったことがあるんだよね……」。父を傷つけた言葉が自分自身をも深く傷つけていました。

この話をした直後、本当に偶然に、長い間音信不通だった親戚と連絡が取れるようになり、親戚宅に残っていたわずかな写真を手にすることができました。父親が撮ったと思われる幼い姉弟と母の写真でした。思い出さえも手放して夜逃げを続けた生活のなかで、「いいことなんてひとつもなかった」ことになってしまっていた記憶が、紡ぎ直されていっているのがサヤカの表情から見て取れました。

父親から「娘がお世話になって……」と、故郷の名物がたくさん送られてきました。「うち、これあんまり好きじゃないんだよ」と言いながら、サヤカが柔らかく笑いました。

大人や社会が作りだした困難を引き受けざるを得ない子どもには、支えとなる拠《よ》り所が必要です。サヤカは「確かにあった家族の暮らし」や「今ある人とのつながり」を拠り所として、未来に向けて歩み出そうとしていました。

○「ひとりでやってみたい」

行政上の様々な手続きや今後の計画など、枠組みとなる部分は大体整いましたが、食べること、お金の使い方、寂しさ、といった暮らしに伴う部分でまだまだ不安な材料はたくさんありました。自立支援施設で暮らすという選択肢もありましたが、これまでもサヤカ自身の将来を決定する大事な場面で、本人の意志より大人の都合が優先されてきた事実を重く受け止めないといけないと考えた時に、私は「ひとりでやってみたい」というサヤカの覚悟を支えることに決めたのです。

生活保護を受けているサヤカには二週に一度、ケースワーカーの家庭訪問時に「求職活動報告書」を提出することが義務づけられています。ケースワーカーには「求職活動が少ない」と指導されているようですが、私は「焦らなくていい」と言っています。

生活に寄り添うことなく、労働力としての期待ばかりを強要するかのような保護行政に対して反抗する気持ちもありますが、それ以上に、再び定時制高校生としてスタートを切ろうとする四月からの生活を見据えた生活リズムを、支えてくれている人たちの見守りのなかで、ゆっくり確立していくことが大事だと考えたのでした。手伝いに通う喫茶店で教えてもらったマフィン（焼き菓子の一種）を、ひとりでもうまく焼けるようになりました。お世話になったたくさんの人たちにマフィンをお届けして喜んでもらっています。週二日、動物保護団体のボランティアにも通い始めました。一緒に暮らした頃は横断歩道を走っただけで息切れしていましたが、少しずつ体力もついてきていました。

そんななかで、「どんな報告が一番嬉しい？」サヤカがこんなことを聞いてきたことがありました。「どんな報告でも嬉しい」と答えると不思議そうな顔をしました。「失敗の報告でも？」「悲しいことも苦しいことも、生きていればいろんな経験をするよ。たくさんの経験をして、たくさんの人に助けてもらったらいいよ。そのことが、みんなあなたの財産になる。どんな報告も財産が増えたよってことでしょ。だからどんな報告でも嬉しい」。今度は不思議な顔じゃなくなって笑いました。

春には再び高校生になります。

○春に向かって

サヤカは先ほど述べたように私の勤務校を三カ月で退学したのですが、この春、別な町の定時制高校に入りました。これも前述のように、様々な事情があって、生活保護を受けながらアパートで一人暮らしをしていますが、近くに頼れる身寄りがいないので、私が定時制高校の保証人になっています。

そのサヤカは新しく学校に行き始めても、四時間座っていることが出来ません（定時制の授業は一日四時間です）。「イライラしてくる……。一時間目は『よし、やるぞ』って思うんだよ。ノートも少しはとるんだよ。二時間目はもう何もしたくなくなって、ぼ〜っとしちゃう。でも、ぼ〜っとしてるとすぐに先生が来て『ちゃんとやりなさい』って言われるんだ。三時間目は我慢できなくて、机を『バ〜ン』って叩きたくなっちゃうから出てきちゃう」のだそうです。当然と言えば当然で、入学前から予想はしていたことでした。

小学校入学前に母親を病気で亡くしたサヤカは学校にまともに通ったことがありません。「母親が死んで人が変わったように心を閉ざしてしまった」娘に対して、父親は「学校は行きたくなかったら無理に行かなくていい」と言って、食事（インスタント食品や菓子パンの日もしょっちゅうだった）を置いて仕事に出かける毎日だったそうです。父が出かけた後は、弟と二人、布団にくるまってゴロゴロ過ごし、担任の先生が迎えに来てくれても、逃げたり隠れたり、たまに行ってもずっと保健室で過ごし、教室で勉強することはほとんどありませんでした。一五歳で故郷から遠く離れた児童養護施設で暮らすようになり、例えば、三ヶ月間だけ通った中学校での、「『チャイムとチャイムの間は授業で、その間はずっと教室に居る』ということがわからず、勝手に出て行ってしまった」というエピソードがあるのですが、高校の授業で四時間座っていることができないというのは、生活のなかに「学校に通う」という営みがなかったサヤカのそれまでを象徴しています。

四時間を我慢できずに出てきてしまった帰り道は、「悔しくて泣けてくる」サヤカでした。

定時制高校への入学を勧めたのは私です。気力・体力・学力といった面は、高校を初めて退学した二年前と変わらず、生活面では二年前よりさらに不安材料が増している状態でのチャレンジは無謀だったかもしれません。しかし、一人で暮らしていくには精神的にあまりにも幼いサヤカにとって、集団のなかでゆっくり育まれる経験がどうしても必要だと思ったのです。制度上の義務教育を終えているサヤカが学び直しできる場所を探すことは難しく、定時制高校なら私の勤務する普通高校ではできなかった手厚い支援を期待できるかもしれないと思いました。サヤカの入学した定時制高校は文科省が指定する特別支援教育のモデル校で、英・数の習熟度別授業や大学生の学習支援ボランティアなどの取り組みがされているのですが、座っていること自体が難しいサヤカはここでも支援の外のようです。

「高校を卒業したい」「勉強がわかるようになりたい」という意志はあるのですが、今の生活が未来へ延びていくイメージが持てないのです。「座っていなくちゃ」「話を聞かなくちゃ」と思っても、体の備えができていないのです。食事・睡眠・運動・遊び・勉強・労働（手伝い）といった日課が、安心できる人間関係の応答のなかで繰り返されることが、幼少期から思春期にかけての発達において、ことに思春期後期、未来に向かう意志を支える上でとても重要であることを、サヤカの身体と行動が教えてくれているように思えます。

そのようにして始まった高校生活でしたが、アパートの契約に関わる書類や病院の診察券、学校のプリント類など、私が「大事」と思う物がどんどん消えていっているように見えました。そこで、部屋の一斉家宅捜索を敢行。

（使わないけどとっておく）膨大な量の化粧品、色とりどりのカツラ、（私には同じ顔に見える）ギャルたちがキュートな笑顔を振りまいている雑誌……サヤカの「大事」が溢れかえっていました。部屋のあちこちから発見されるゲジゲジのようなつけまつげや、ジュータンの下とテレビの背後からバラバラに発見される左右の靴下に、いちいちギョッとしながら三時間超。私の「大事」は一つも見つからない敗北感にうちひしがれながら、チョコレートとあめ玉とクッキーが主食のサヤカを外食に連れ出し、無理矢理野菜を食べさせました。

「高校どうする？」「……やめたいけどやめたくない……」湿りがちな会話も、ブログにコメントし合う「会話」よりマシです。「おやつ買って帰ろうか？」「！」サヤカがほっとして笑います。

サヤカと私の「大事」は違っても、お互いの存在が「大事」だと確認できるこの時間が、サヤカの未来へ向かう意志を少しでも支えてくれることを願ったのです。

○母になる

しかし、簡単には事態は進みません。「学校やめたい　考えたんだよ　ちゃんと　今日学校行ったけど　先生にやめたいゆたら流されたけど　またかっておもうだろーけど　ごめんなさい」。サヤカからこんなメールが届き、間もなく定時制高校も中退することになりました。

とにかく安全な場所につながって、安心できる人たちの支えを得て、生きることが楽しいと感じて欲しいと願って定時制高校への道を歩み出したのですが、そう願って連れて行った場所や引き合わせた人に、サヤカが自分の力でつながり続けることは難しく、つかませた糸はするりするりと彼女の手から抜け落ちていきました。

定時制高校を中退した一方、吸い寄せられるように近づいていった夜の街で新たなつながりを手にし、最初の電話（中退から一年後の電話）から一年と少したった頃から、ホストクラブで働く男性と一緒に暮らすようになりました。「幸せなのかい？」と聞いたら「幸せだよ。でも、幸せと不幸と秤《はかり》にかけたらまだ不幸の方が重いんだよね」と言いました。

その後も音信不通の期間が数日から数週間、数ヶ月と延びていき、捜索願を出そうかと思い始めた矢先、ようやく連絡がついた時には、サヤカの身体はすでに妊娠六ヶ月目の手前でした。自分の身体にいのちが宿ったことを知った当初、サヤカにもたらされた感情は、喜びとはほど遠く、死にたくなるほどの恐怖で、堕胎可能週数を過ぎても手術してくれる病院を密かに探していたことを、「彼には内緒ね」と、ずいぶん経ってから教えてくれました。

しかし、「産みたくない」とは言い出せないほどサヤカの妊娠を喜んだ彼と夜ごと話し合い、子どもの名前を書き出した紙の枚数が増えるにつれて、また、同棲生活を始める少し前から連絡が取れるようになっていた母方の祖母や叔母らから届く、手紙入りのおむつや産着が狭い部屋にあふれてくるにつれて、だんだんとサヤカのなかで新しいいのちを迎える未来が、喜びや希望に変わっていきました。予定日より八日遅れで無事に生まれてきた息子の傍《かたわ》らで、サヤカが「幸せ」と言いました。

母になったサヤカから頻繁にメールが届きます。穏やかな気持ちは長続きせず、「いらいらするー　皆しねおもう　なみだとまらん」ということもありますが、ハートや音符の絵文字、「ありがとう」「嬉しい」「幸せ」という言葉の占める割合が断然多いのです。「我が子のために禁煙するわ　いらいらしても耐えるわ」と、妊娠中もやめられなかったタバコをやめ、「安い服のサイト見ててさ　服欲しいなって　ほんとぉヒール高いやつ履《は》きたいし　それに似合う服のが可愛いし欲しいけど　抱っこしたりするから我慢なんだー」とオシャレもしないで我慢しています。

しかし、強いられた我慢ではなく、大切なもののための我慢を自らしているサヤカはどこか誇らしげでした。小さい子に近寄られると後ずさりするほど「子どもが苦手」でしたが、今、公園で遊ぶよその子に向ける眼差しはとても優しくなりました。歩くときに踏みつけていた花を今はきれいだなと思い、陽に当たるのは苦手だったのに今は毎日お散歩で空を見ています。世界との出会い方が変わって、かつてはぼんやりとも描けなかった未来が少しイメージできるようになってきました。息子の未来に自分の過去を重ね、「明日も一緒にいられますように」と毎晩祈りながら、亡き母へ想いを寄せることもあります。今、サヤカはいのちがひしめきあう世界を生きているのだと感じます。

○世界との出会い方を変える（ことを手伝う）

サヤカの人生にはこれからも様々なことが起こるでしょう。働きながら子育てをしていくだろう長いこの先のことを思うと、安定した仕事に就けるよう高卒の学歴はあった方がいいのでしょうが、サヤカに高校の勉強が必要かと問われれば、今は（もしかしたら未来永劫）否《いな》です。

それは、今のサヤカには無理だということではなくて、今の学校には「人が育つ場としての条件」が欠けていると感じるからです。サヤカは二つの高校に在籍し、期間はどちらも短かかったのですが、いずれの高校でも死んだように虚《うつ》ろな表情で、いのちを削って生きているように見えました。

サヤカの「世界との出会い方」を決定的に変えたのは子どもの存在です。妊娠・出産に向かう際の夫や周囲の受け止め方も大きかったと思います。「死んだ方がマシ」な世界が「いのちがひしめきあう」世界へと変わり、そのなかでサヤカは日々めざましく成長を続けています。本来、学校にもこうした役割や場があったのではないかと思うのですが、見つけ出そうとすることは現在相当難しい状況です。

サヤカが六年後、自分の子どもを介して出会い直す学校に、いのちがひしめきあっていることを願いますし、私はこれからもサヤカと子どもの成長を見守りながら、日々子どもたちと出会い続けたいと思っています。

○出会えなかった子どもたち

ところで、私には子どもたちと「出会いたくない」と思っていた時期があります。「出会いたい」と思うようになってからも、本当に出会えた子どもたちはごくわずかです。これからも「出会えない」多くの子どもたちが目の前を通り過ぎていくことでしょう。だから、もっともっとたくさんの人たち、大人たちに子どもたちと出会ってほしいと思います。

私は子どもが発する「お腹空いた！」という言葉が大好きです。生活のなかで深く傷ついてきた子どもたちは、食事に無頓着《むとんちやく》だったり、そもそも食欲を感じないということが多く見られます。そういう子の「お腹空いた！」はからだが整ってきて生きる力が蓄えられてきた合図なのです。だから、とても嬉しいのです。「お腹空いた！」「じゃ、一緒にご飯食べようか」という場所や、応答関係が、子どもの生きる世界のあちこちにあったらいい。

子どもたちが「世の中捨てたもんじゃない」と思える出会いがあちこちで生まれることを願って、私が出会った子どもたちのことを伝え続けていきたいと思っています。

◯息子の成長とともに

「おはようございま～す！　今朝あんまりミルク飲まなかったんでお腹すいてるかもしれません。すいません。よろしくお願いします」と、保育士さんに息子の具合を伝えるサヤカの姿は、「バカだと思われるから」よほど慣れた人以外とは話さなかった数年前とは別人のようです。「花を見てさ……きれいだなって思うようになったんだよ……」。自分でも自身の変化に驚きながら嬉しそうに話してくれました。

時々ガスが止まったり、年金の手続きが面倒だったりと、生活上の生きづらさはなくなりませんが、「私たちの子だから不良になるかもね」と、遥か先を見据えるサヤカにとって「死にたい」過去はずっと昔のことになったようです。

「離乳食の作り方を教えてほしい」と電話が来ました。「もうすぐ伝い歩きを始めるから赤ちゃんサークルが必要」とネットオークションをチェックし、「ケータイはいつから持たせたらいいと思う?」と気の早い相談もしてきます。

かつてはぼんやりとも描けなかった未来が、今ははっきりとイメージできるようになってきました。日々めざましく成長する息子とともに生きるサヤカのなかで動き始めた時間が、親子三人を取り巻くたくさんの命の温もりを帯びて流れています。サヤカの行動半径は、家の近所のスーパーと保育所と職場の三角形という狭い範囲に収まっていますが、時間軸での広がりが加わった今の世界は、かつて年に何回も東京に遊びに行っていた頃の世界より、広くて自由になりました。

高校の性教育講演会に特別ゲストとして息子を連れたサヤカにきてもらいました。かつてとは別人のように物怖じしなくなったとは言え、大勢の生徒を前にして話ができるだろうかと心配しましたが、講師にマイクを向けられ、「生まれる前はどんな気持ち?」「生まれてからはどう?」と聞かれると、「生まれる前は正直ほしくなかった。今は自分よりも大事」と恥ずかしそうに答えてくれました。

この講演会が終った後、中絶経験のあるレイが保健室に顔を出し、サヤカの息子を愛おしそうに抱きました。彼氏が元ホストという共通点もあってすぐに打ち解けた二人は、今やライン友だちです。レイを通してサヤカの近況を知ることも増えてきました。「サヤカちゃんの旦那さんが苦労して作った赤ちゃんサークル、カイト君（息子の名前）一瞬で壊したらしいよ〜」

と楽しそうにレイが報告してくれます。

レイの耳はもう開ける場所がないほどピアスの穴だらけです。今は背中にタトゥーを入れたくて仕方ありません。実はサヤカの胸にも真っ赤な唇とkiss meの文字が刻まれています。保育所に預けるまでは母乳育児だったサヤカは、「ごめんね～。ママね、若いときにいたずらでお絵かきしちゃったの」と笑いかけながら授乳していました。

一〇代の頃は食べたものを吐き戻していたこと、妊婦用の大きなパンツを今でも時々はいていること、お腹に残った妊娠線の痕は醜いけれどちょっぴり愛おしいと感じていること……、そんな話を、理想のボディイメージに脅かされ続けるレイに、いつかサヤカが話してくれるといいなと思っています。

第三節　社会のなかの家族・子どもを丸ごと支える

――養護教諭・山形さんを生み出したもの――

（1）保健室は社会とつながるプラットフォーム

北海道の現役の高校養護教諭である山形さんは、北海道教育大学札幌校の養護教諭養成課程を卒業し、道東の小学校などで講師を経験していました。その後、いくつかの高校勤務の後、札幌近郊の都市に近い高校で七年勤務してきました。主としてこの七年の実践をもとに多くの記録を書き、教育研究サークルなどの教育雑誌に発表しています。この本で紹介した「実践記録」は、そのなかのものです。同時に、教職員組合の教研や民間の教育研究会のほか、日本臨床教育学会の研究大会などでも報告しています。その取り組みから読み取れるのは、山形さんが、保健室で出会う生徒の実情から格差や貧困の問題を考え、困難を抱える生徒に寄り添いながら、その困難の解決を生徒自身が模索するのを援助してきた養護教諭だということです。[1]

山形さんをこの本で大きく取り上げたのは、困難を抱えて教室に足が向かないという子どもが、学校で保健室に救いを求める場合が増えていること、そのことで養護教諭の実践の重要性が従前以上に注目[2]されるようになっていること、とくに山形さんの報告が高校生の生活と貧困問題を正面から取り上げた取り組みとして大きな反響を呼んでいることによります。[3]また、その記録は、二〇〇六年の発表から始まり、年次的な記録として残っているため、その教職観の変化を把握できるのも、養護教諭の仕事を深く理解するうえで貴重です。

二〇一三年以降の実践記録には、保健室の内外で、というより、学校外でも、求められれば卒業生と積極的に交流し、その生活や家族支援の手を尽くしている姿が描かれています。そこからは、今日の子どもや学校が直面している困難の実相が浮かび上がってくるのです。

この報告論文の一つである「貧困と孤立のなかで生きる子どもたちの育ちと暮らし――高校保健室で出会い寄り添う[4]」では、山形さんが出会った何人もの子どもたちの生々しいエピソードが綴られていました。それらに共通しているのは、子どもの内側に入り込んで、その感情の襞《ひだ》が浮かび上がるような描き方になっていることです。それぞれの子どもの生活の事実と生活感情をこれほどリアルに描けるのは、山形さんが子どもたちの話をじっくり聞き取って観察しているのはもちろんですが、子どもの側が、「山形先生に聞いてほしい」と思い、事実をリアルに語る関係がつくられているということに注目してほしいと思います。思春期・青年期という年齢層にあって、いくつもの深い傷を持った子どもが内面の真実を打ち明けるということと、それに呼応する養護教諭山形さんのやりとりは、まさに人間的応答そのもの。それは心理主義的なカウンセリングの枠には収まりません。

さらにその特質として強調したいのは、子どもの問題への対応が、児童養護施設や児童相談所、市役所福祉担当などとの関わりで描かれていることです。それだけに、山形さんの保健室は、子どもの困難な状況を解決するために生かせる、幅広い社会資源とをつなぐプラットフォーム＝舞台であり、総合窓口のような役割を果たしているように見えます。山形さんは、「保健室は子どもの身体の状態が見える場所だ。身体は生活のなかでつくられる。だから、身体の訴えにていねいに耳を傾ければ、おのずと生活が見えてくる、保健室はそんな場所だ[5]」とも言います。つまりここでは、子どもを生活のなかにおいて理解し、身体の訴えを聞こうとする基本的な立場が率直に示されているのです。そして、それは、養護教諭としての以下のような観察を踏まえています。具体例で見ていくことにしましょう。

高校保健室には、小中学校の九年間の健康診断記録が保管されていて、それを見ると、「生活上の課題のある子は、過去の健康診断票のなかに、必ずと言って言いほど『未検』という文字が見つかる」と言います。しかも複数あることが多いそうです。さらにそうした子どもは「たいてい学期が始まってすぐの、欠席者がまだほとんどいない時期に何回か休んでいる」とも言い、「というのは、学校に来られないような困難が家庭のなかに起こっていることを疑う根拠になりうるものだ[6]」と、山形さんの視野は広がります。そのような家庭のほとんどが貧困のなかにあることを、当然ながら山形さんはつかんでいるのです。そして、次のように言います。

「『貧困』は多くの場合、『低学力』『病気』『虐待』『犯罪』『家族離散』など、その他の困難の要因や結果としてともに存在しており、単に経済的側面の解決を図るだけで子どもの生活が保障されるというような単純なことではなくなっている。……一人の生徒、一つの家庭を幾重もの困難が取り巻いているケースに出会ってきたなかで、私が特に重要だと感じているのが人とのつながり、コミュニティの側面である。貧困状態での孤立、あるいは関係性の貧困といったことが『貧困問題』における事態の深刻さをよりいっそう深めていると感じる」からだと述べ、「私のこれまでの経験では、困難を抱えた家族及びその周辺に、『安心できるおとな』や『安定した関係』を探すことは非常にむずかしい[7]」と、現実を見る目はリアルで厳しい。

「一方で、この側面にこそ、問題を解決していく希望の灯が立ち現れているのではないかと思うからだ」と、負のなかにある「生きる力」と希望を見いだす目は確かです。

このように、山形さんがリアルに観察してきた状況は、「目まぐるしく変化する家族構成」、「生活保護や精神疾患《しっかん》の割合の高い親類縁者」、「離合集散をくり返す友人関係」、「ギャンブルや薬物、感染症などが入り込みやすい生活[8]」だったとのことです。

そうした大人の気分や感情に振り回されてきた子どもたちは、「感情を持続させることが苦手だ。喜びの感情にじっくり浸る、悲しみから時間をかけて回復するという、人間的な営みの時間すら、いつ何が起こるかわからない不安な生活のもとでは保障されない。『きょうの続きの明日なんて要らない』と思う毎日が、子どもたちから『自らの手で未来を創る』意欲を奪っていた[9]」と、その視点は鋭い。

この状況に直面した山形さんの基本的な対応は、どのような問題状況も、ともかく受け止め、子どもの声をじっくり聞き取り、誠実に応答することであるように感じられます。その共感の質は「貧困」を見る社会的な認識によって支えられているのでしょう。山形さんにとっては、子どもは教師である自分が支えるだけの対象ではありません。子どもは同時代をともに生きる存在であり、同時に、教師として生きる希望と実践の勇気をも与えてくれる存在でもあるのです。

前節で紹介されている中退した元生徒サヤカとの関わりはそのことをよく示しています[10]。

私・福井が特にそのように感じとったのは次の所です。

「サヤカは六歳で母親と死別し、父親と夜逃げを繰り返す生活の末、一五歳で保護され児童養護施設から高校に入学してきました。『今まで生きてきていいことなんて一つもなかったし、これからもないと思うから早く死にたいんだよね』と、保健室でつぶやき」と、困難を抱えた子どもの叫びを「つぶやき」のなかに見つけだし、「サヤカの高校生活は、わずか三ヶ月で終わりましたが、毎日顔を出していた保健室での関わりが学校を離れた後もずっと続き」、風俗業からの脱出、仕事探し、結婚、出産、子育てと、波瀾万丈《はらんばんじょう》の生活展開に山形さんは伴走し続けるのです。

さらに、「息子が生まれてから、サヤカの変化には目を見張る」と語り、「笑った、泣いた、立った、歩いた、日々めざましく成長する息子の姿は『生の肯定』そのものです。息子とともに祝福に満ちた朝を迎えるようになったサヤカもまた世界から肯定される存在になったのだと思います。『花を見てさ、きれいだなって思うようになったさ』――サヤカと世界との出会い方が変わった日を忘れません」というのです。

また、他の生徒とのエピソードでは次のように語られていることも、それを物語ります[11]。

「真冬でも真っ赤に凍えた素足で登校してくるマミに、毎日のように『冷えのリスク』についてのお説教と『心配のまなざし』を浴びせ続けた。ある日、『先生、タイツはいてきたよ』と、わざわざ保健室まで見せに来たどこか誇らしげな表情に、これからも困難は続くだろうマミの暮らしに寄り添い続ける勇気をもらった気がした」

ここからは、生活丸ごとの子どもとの応答が、養護教諭としての力を育んできたこと、それが実践の意欲を高めることになっていることが読み取れます。

もともと、養護教諭の仕事は、子どもの現実が提起する問題に応えることを通して拡充されるものです。本書一四ページでも紹介している藤田和也氏の言うように、「養護教諭は自らの歩みのなかで子どもたちの現実と向き合いながらその実態に即して仕事を創り出し、学校における存在をより確かなものにし、役割を発展させてき」たのです[12]。

このような養護教諭実践史のなかに山形さんの取り組みを置いてみると、彼女が向き合ってきた子どもは、貧困と格差のなかで不安定な暮らしを続けていて、そのことと向き合う実践は子どもの生活世界を理解し、具体的な生活の事実がその子にとってどういう意味を持っているかを読み解くことにあったことがわかります。そして、山形さん自身もそういう子どもとの出会いや、その応答のなかで自己形成を続けてきたことも明らかでしょう。

（２）「子どもがいのちに見える」ようになるのは？

〝人は一日して成《な》らず〟ですが、山形さんはどのようにして今日の立ち位置を築いてきたのかを見ることにしましょう。そこからも養護教諭の仕事というものの深い意味を見いだせることになると思うからです。

ただその前に、「山形実践」の特質を象徴する彼女の言葉＝「子どもが命に見える」「生の肯定」の意味を見定めておきましょう。そうすれば、山形さんの「自己形成」を理解する羅針盤になると思います。

彼女は「子どもたちの生きる世界と向き合う　北海道・高校の保健室から」という実践記録で、(13)自分のめざす実践を、「『子どもが命に見える』学校づくり」(14)だと表現しました。ここには、子どもを「生きる主体＝いのち」と見る視点を失った現代日本への批判も込められているだろうと思います。現代の子どもが生きる世界では、暮らしのなかでいくつもの危機を抱え込まざるを得ない実情があると言っていいからです。それが、新自由主義の生み出した貧困と格差、地域破壊がもたらしたものであると山形さんは見ていますが、そのことが彼女の「子どもへの共感の質」を深いものにしているように思います。

山形さんが求める教育的価値の基底には、「生の肯定」への希求があります。それが「子どもがいのちに見える」学校づくりへの実践とつながり、社会と世界の有り様を吟味している。だから、その視点はさらに鋭くなるのだと言えるでしょう。

このように見れば、子どもの命、体、生活をつないで、深く観察し、そこで考えた問題と社会のあり方への問いを往還させる――それが山形さんの実践の特質なのです。

子どもを観察したときに気になる言動は、その子の抱える「問題」を考えるシグナルであることは間違いありません。しかし、子どもの何を「問題」と見るのかが、自覚的に問われなければ、問題の核心をついたことにはならないでしょう。そのことが実践の内容・方法・質を規定するからです。

山形さんの子ども理解は、たとえ子どもの言動が逸脱、反抗という形で現れても、その言動を生み出すその子の生活感情や社会環境を視野に入れて問題を考えたものになっています。そして、子どもの表現が否定的なものにしかならない場合でも、それを生きる模索として受けとめている。山形さんが生み出した「生の肯定」、「子どもがいのちに見える」という表現は、こうした認識と感性に支えられています。

それでは山形さんの自己形成がどのようなものであったかを、実践記録にみられる言説を追いながら次に見定めていきたいと思います。

山形さんの実践記録でまとまって発表された最初のものは、二〇〇六年の養護教諭の全国研究会での報告「保健室登校の生徒と過ごした一年半について」です。(15) 以下、この報告をもとに、山形さんの自己変革の端緒を見ていきましょう。

この実践記録を手にしてまず気づいたのは、その報告の様式です。後の山形さんの実践記録は、いずれも子どものリアルな事実自体に語らせる、いわばエピソード記述が中心になっています。ところが、ここでは、「はじめに、学校の概要、A子の性格と家庭環境、問題点」という項目が示され、ごく一般的な報告の形式を踏襲していました。

そして、「はじめに」では、「振り返って、成果は何だったのか、課題は何なのかを私なりにしっかり考えたい」と書き、就職者の九五％が地元に就職する学校は「服装や頭髪の指導は特に厳しくおこなっており、校内でミニスカートを目にすることはない」と、校内の様子を現象として俯瞰《ふかん》するというもので、内容的にも一般的なレポート＝「報告書」に見えます。

さらに、A子についての記述は、「……生活経験が年齢の割に不足している。……依存心が強く甘えっ子。……臆病。自立心が非常に弱いのは、……環境も影響したと思われる」など、子どもの内側に入って問題をとらえようとする現在の山形さんとは、同一人物の記述とは思えない書き方です。

そのA子に対する養護教諭としての対応も、「四月の始業式にも『具合が悪いので保健室にいたい』と訴えてきたが、がんばって行くように説得して、体育館に行かせた。……その翌日から完全不登校になった」というものでした。

じつは、山形さんはこれを執筆した経緯をよく覚えていました。私のインタビューには、「ずっと引っかかっていた問題[16]」と自問するものだったのです。とは言っても、一方では、休日にA子とその友人を誘ってピクニックに行くなどの取り組みをおこなっており、子どもに寄り添おうともしています。「人間山形」が学校の支配的な論理との間で揺れ動いていたのでしょう。だから「ずっと引っかかっていた」のです。

この報告は、養護教諭になって一〇年目の経験を振り返ってまとめたものです。山形さんは当時三八歳。まじめな養護教諭が自ら実践の「成果と課題」を真摯《しんし》に考えようとしている姿が浮かんできます。けれども、その「成果と課題」を考える軸は一般的な社会的評価や学校の秩序の枠内のものにとどまっていたのです。だから、「問題点」として上げたなかでは、「（生徒が）保健室で過ごす時間が長かったので、養護教諭依存の傾向が強まり、甘えを助長させてしまった面がある」「私が出張等で不在の時は学校に来られないので、私自身『休めない』というプレッシャーがあった」「結果的にほとんどの部分を保健室で抱え込んでしまった」というような記述が続いています。

でも、その地点だけに止まっていたわけではありません。同じ報告書のなかで、自分を含めた〈変化〉を見つめようとしているのです。その「一年半の全過程」を振り返る部分では、家庭、学校、私（山形）について〈変化〉という項目を設定しています。そのなかの記述には丁寧に読み取るべき内容が多いのです。

〈学校の変化〉では、以下のようです。「最も変わらなかったのは学校だったと思う。A子のことは一部の関わった教師だけの問題で、その他の教師にとっては単なる中途退学者の一人に過ぎない」。これは学校の現状を批判的に見る視点がはっきり出ていると言えるでしょう。

〈私の変化〉では、一三行にわたって率直な反省や内面の思いが記述されています。この部分は、山形さんの教職意識の変化がよく出ていて重要だと考えますので、少し長いですが以下にそのまま引用しましょう。


〈私の変化〉

A子と関わることで、私自身とても変化したと感じる。今までは子どもの問題に何らかの道を示してやれるのが大人だし、教師だという構えがあって、とても辛かった。わからないことをわからないと言って「なんだ先生だってわかんないんじゃん」とがっかりされるのが怖かったから、常識やきれい事や建前で言いくるめようとしてきた。しかし、A子との一年半はそんな理論武装が何の役にも立たなくなるくらい長くて、私のちっぽけな経験と経験から生まれた実感以外の「大人の常識」は見事にはがれ落ち、おかげで生徒と本音で話し合えるようになった。時には学校の非常識もあげつらって一緒になって「おかしいよね」と言い合ったりもするし、困ったことは「困ったね」と言って一緒に途方に暮れることもある。

「つらさ」を感じさせないように（我慢するように）矯正（強制）するのをやめて、ともに感じようとした時見えてきたのは、情緒より論理が大切にされる学校の姿だった。学校において集団をまとめるためにきちんとした論理は必要だと思う。しかし、情緒をないがしろにした論理は必要でないばかりか悪ですらあると思う。

山形さんはここで〈情緒と論理〉という見方を設定しています。この枠組みを使うことで、既成の正しさを説く教師像から、子どもの内面に寄り添おうとする教師像への転換が始まり、その模索と探究が見えてきます。

山形さんが「道を示してやれる大人」モデルに縛られていたことを、「とても辛かった」と振り返っていることは注目すべきです。教師だけに限られませんが、自己変革は、その内面の苦悩に向き合うことなしには進まないということを語っていると受けとめたからです。

さらに深い自己分析は続きます。

このような真摯な振り返りをした後、〈何が足りなかったか〉という項目で、「背景ごと育てる視点を持たないと、その人だけを浮き立たせてしまうことがある。A子の場合は背景はクラスだったり家庭だったりしたわけで、クラスの中のA子、家庭の中のA子という視点での関わりが一番足りなかったことだと思う」という、子ども理解の深め方に発展します。そしてさらに視野は広くなり、「そういう視点に立って関わっていこうとする時、組織的に関わることが必要不可欠であるということを痛感した」と述べて、先の「変わらない学校」への批判の根拠も明瞭にしていきます。

では、どうすれば良いのか。山形さんは、〈なぜできなかったのか〉という項目で、その方向性を示します。そこでは学校の状況への批判が以下のようにいっそう深められます。「個人は集団に合わせるもの、合わせられないのは個人が悪いからで、学校は集団のなかで協調できる個人を作り上げる場所だという考え方、クラスはクラス担任の責任、教科は教科担任の責任という個人責任論、家庭に学校が入り込むべきではない、家庭のことまで責任持てないという風潮が、本校は特に強いと思う」と指摘し、連携のための「普段の土壌づくり」の大切さを説いています。

このような山形さんの転換的な反省を生んだポイントは何でしょうか。それは、彼女にとっての実践の振り返りを探究的に深める機会があったからだと思います。

このレポートの出発は教職員組合の教育研究集会での意見交流とその学びであり、それに引き続いておこなわれた養護教諭の研究会発表でした。経過的に見ると、「特別な教育的ニーズのある子どもたちの健康・発達保障」分科会での報告をすることになって、「A子のニーズは何だったのかと考えてみました」ということがありました。この「A子のニーズ」という探究視点を設定したことが、山形さんの振り返りをたしかに深めることになりました。「不登校になった当初のA子のニーズは、『安全・安心な学校』であったと思います」と言い、A子にとっての「安全・安心な学校」を次のように描いています。

「『いじめられない』安全や『いじめられても助けてもらえる』安心はもちろんのこと、『学校に行ってないことを責められない、教室で授業を受けていて気分が悪くなったらいつでも退室して保健室に行ける、また、そのような状況であることを理解をもって見守ってもらえているという安心』などです。そして『安心して失敗できる』、これが非常に大きなニーズだったかと思いますが、これは最後まで満たされませんでした」と。

さらに、進級できずに二度目の二年生になってからの「A子のニーズは『楽しい学校』であったのでしょう」と読み解いて、A子の状況に合わせてニーズを考えていく思考になっていることも、A子の側に立つという姿勢を示すものになっています。

この姿勢を確立できたのは、山形さんが「A子との日々のなか」だったと述べているように、日常のなかで紡がれる人間関係そのものだったと言うのです。そのことで「私自身が変わっていった……立ち位置を変えることで見えてきた」と結論づけています。人に寄り添い、その情緒を大切にすることで、「情緒より論理を大切にする学校」の問題点をはっきり示すことにも繋がっていきます。ここでいみじくも言うように、「立ち位置を変える」というのが、山形さんの大きな転換点であったと言えるでしょう。

この転換点を境にして山形さんの養護教諭の仕事に対する考えはさらに深化していくのですが、それを追う前に、そこで紡ぎ出された「情緒より論理を大切にする学校」というとらえ方・見方・言葉の中身はどのようなものかを見ておきたいと思います。この「情緒」という意味は換言すれば「人間的な感情」とも言いえるものですけれども、それを大切にする空間をどう創るかということでもあります。

その方策を山形さんは次のように提案します。例えば、さまざまな理由で教室で食事できない子たちがいる現状に対して、空き教室をランチルームに利用してはどうかというものです。これに対して現在の学校の「論理」は、「管理が大変」「教室でご飯も食べられないような人間は社会で通用しない」「社会に出たらそんな特別な配慮はしてもらえない」ということで、「『ご飯ぐらい好きな場所でリラックスして食べさせてあげたい』という情緒より、『社会で通用する生徒を育てる』という論理が会議全体の雰囲気」だったのです。

また、進路体験発表会という行事では、発表者の卒業生は「正社員であること」「一度も転職していないこと」が基準になり、「成功例を見せることで、生徒は進路実現のために前向きに努力するようになる」という「論理」に貫かれていました。これに対する山形さんの批判は明快です。この「論理」からすれば、「『回り道の人生』や『七転び八起きの人生』について語られる機会はほとんどありません。生徒の将来に対する不安は黙殺されるのみです……（そうなってしまうと）『失敗してもいいんだよ』というメッセージを子どもたちは何からもどこからも受け取ることができないでいます」となってしまいます。

ここからは、現代の高校生が躓《つまず》きつつも辿《たど》る人生の歩みに寄り添いたいという、山形さんの実践上の覚悟のようなものも感じ取れます。

また、続いて述べている以下のような言葉は、山形さんの基本的な実践哲学の象徴的な表明でしょう。

「アリにだって足音があるはずです。見えないことはないことではない。聞こえないことは動いていないことではない。表現しないことは考えていないことではない。見えなくても、聞こえなくても、表現されなくても、そこにあるものを感じ取る情緒こそ、人が育ち合う場所では最も大切なものです」

とは言え、現場の実践者がたとえ、このような哲学を我がものにしたとしても、哲学に導かれて実践が淡々と進むものではないのも実際でしょう。

山形さんの場合はどうだったのでしょうか。

この報告から四年後の「高校から社会へ――寄る辺《べ》なき若者に〝何とかなる〟希望を」という実践記録を見てみましょう(17)。

この記録では、「体育の授業をサボって保健室にやってくるアヤ」の悩みや愚痴《ぐち》を聞き、寄り添おうとして寄り添いきれない山形さんの戸惑いがはっきりと出されていました。アヤという生徒との具体的なやりとりを次のように紹介しています。

「具体的な解決策や明るい展望など何一つ指し示すこともできず、ため息混じりにただ聞くことしかできずにいることに、私自身が疲れていくにつれ、アヤの愚痴は激しさを増していった。ある日、八つ当たりに近い愚痴を一方的にぶつけた後、一瞬の間を置いてアヤが言った。『何で怒らないの？』。寄り添いきれない私の心を見透かしたように、悲しそうに電話は切れた」

ところが、その後、再会したアヤさんから、プレゼントに添えたメッセージが山形さんに届きます。そこには「いつも〝なんとかなる〟の笑顔をありがとうございます」と書かれていたといいます。これは、山形さんには意外でした。「驚いた。だって、私の笑顔はきっと支えきれない不安に歪《ゆが》んでいたと思う……。寄り添いきれない迷いが電話口を通して伝わっていたと思う……。そして、実際に失望させていたと思う……」と思っていたからでした。

生徒に「寄り添おうとして寄り添いきれない」、という実践者の側にある自覚的な深い悩みを語る山形さんは、この記録を書くことでそれを見つめ、そうすることで視野をいっそう広げ深めていったように思われます。それは、この実践記録の末尾が、次のように結ばれていることからです。

「アヤのような寄る辺ない子は、今、高校に溢れている。何ともならない閉塞感《へいそくかん》のなかで一筋の希望を求めてもがいている子どもたちに、〝なんとかなる〟ほんまもんの笑顔を届けたい。コネも学歴も手に職もない女が生活できるだけ稼げる社会をつくるのは、私たち一人ひとりが背負うべき課題だ。でも、一人で背負わない。アヤが教えてくれたこと――最近、アヤと会うと、よく政治や社会の話になる。それが結構楽しい」

このような山形さんの自己形成史は、子どもの示す事実に向き合い、記録し、子どもとの応答を省察《せいさつ》して成長する教師の姿として見ることもできるのではないでしょうか。

その際、問題となるのは、「子どもの示す事実をどう見るか」です。山形さんの言う「学校の論理」ではなく、「その子の論理」を読み取ることが必要なのです。「その子の論理」とは、その子の発達の課題に沿って理解すること。それを学び取るには、彼女にとっても尊敬する先輩と養護教諭サークルで出会ったことは大きなことだったと言います。その先輩は、小学校での勤務経験もあって、〝子どもの体にこだわり、「人間の進化にそって子どもの発達を考える」〟という幼児保育者の斎藤公子《きみこ》[18]（一九二〇〜二〇〇九年）の保育実践にも学んだ養護教諭でした。山形さんは、この〝体と発達を考える〟という点で強い刺激を受けたそうです。

こうしたことが総合されて、山形さんは、子ども・発達・生活・社会をつないで教育を考えるという養護教論像を形成していったのだと思われます。

（3）濃密な人生の物語と保健室

前項で山形さんがどのように自分の仕事＝養護教諭のあり様を捉え、どのようにして内容を深化・発展させてきたかを見てきました。そこには、この本が主題とした「保健室から創る希望」の中身が生き生きと示されているように思います。

また、色々な悩みにぶつかり、様々な試行錯誤を経て築かれてきたことによって、その到達点は確固とした基盤となってもいます。

そのような逞《たくま》しさをもつ「山形実践」ですが、この思想と実践を現代日本の教育現場で実現していこうとすれば、様々な「壁」にぶつかることをリアルに見ておくことも重要です。そのことに触れながら、この項ではそれをどう乗り越えるかを考えてみたいと思います。

現在の教育現場を取り巻く環境は容易なものではありません。深刻です。

その深刻さを山形さんは、次のように感じています。

山形さんの目指す取り組みを学校のなかで実現していこうとしても、なかなか理解が得られず、時には、「子どもを甘やかすのがだめだ」と指弾されたという事実さえあるそうです。これは体育会系の教師から面と向かって強い口調で言われたものだと言いますが、論争すれば当該の生徒が攻撃の的になる恐れを感じたので、それ以上踏み込むことをやめました。この事実が示すように、子どもに寄り添って支配的な時代状況に立ち向かうということは、実際の場面では、支配的な風潮に同調する人たちとの間で軋轢《あつれき》を生むことになるのです。この面でも葛藤やストレスを抱えることになってしまいます。

けれども、日常を生きる教師にとって、子どもに寄り添う自分の姿勢を何よりも支えてくれるのは、「子どもが信頼してくれていると感じられること」だと言います。教職生活において「子どもと心が通う」ということが持つ根源的な意味をよく示すエピソードです。人間関係を結ぶことができる子どもという存在そのものが、前向きに進んでいく支えになるのです。

山形さんの教育実践記録には、そこに現に生きている子どもとの濃密な人生の物語と教師の関わりが描かれています。このような取り組みを読み、山形さんという教師の人物像に触れて考えることは、貧困・格差・競争のなかで傷つけられた子どもを支え、それを生み出す社会の構造を批判の射程に入れて、子どもから、地域から、問題をとらえるということにつながっていることです。そしてまた、そのことの重要性を教えてくれます。いま私たちの目の前にあることは、「貧困と格差」の一層の進行と、その底辺に追いやられた人たちを追撃する「自己責任論」の大波です。しかし、そのなかで、自己の尊厳まで否定される子どもたちに、どのように生きる希望を紡いでいくかを語るのが私たちの課題です。

この難しい課題に挑んでいこうとする現代の教師は、自己の内なる教職意識の問い直しに直面せざるを得ません。新自由主義が支配的な社会に生まれ育ち、矛盾や困難をくぐりながら大学を卒業して教職に就いたけれども、その自分もそのなかで形成されているために、自己の教育的価値や教職意識が子どもの現実とぶつかってしまうからです。それは山形さんの言う「大人の常識」や「学校の論理」の問い直しと重なります。この問い直しは、時に肯定できないような言動を示す子どもについて、その子どもが抱えた内面の困難を、子どもの側から深くとらえて、その子の存在そのものを絶対的に肯定するところからしか始まりません。

それは、目の前の子どもの「存在論的肯定」が、新自由主義を超える教育実践を創造する教師の教職意識の土台になるということでもあります。山形さんの実践のキーワードが「子どもがいのちに見える」という人間認識に根ざしたものになっているということも、それを物語っているように思われます。

第2章第三節での注

1　その記録を、例えば『クレスコ』二〇一二年八月号から一二月号に五回連載などで発表してきました。

2　すぎむらなおみ『養護教諭の社会学――学校文化・ジェンダー・同化――』名古屋大学出版会、二〇一四年など。

3　山形志保「養護教諭がみた子どもの貧困の実際」『教育と医学』二〇一七年三月号など。

4　山形志保「貧困と孤立のなかで生きる子どもたちの育ちと暮らし――高校保健室で出会い寄り添う」教育科学研究会編『講座　教育実践と教育学の再生　第1巻　子どもの生活世界と子ども理解』かもがわ出版、二〇一三年。

5　同上、三一ページ。

6　同上、三一～三二ページ。
7　同上、三四ページ。
8　同上。
9　同上。
10　山形志保「保健室から見える貧困～『子どもが命に見える』学校づくり」『保健室』本の泉社、二〇一六年六月号、一三～一五ページ。
11　注5に同じ、三七ページ。
12　藤田和也『養護教諭が担う「教育」とは何か――実践の考え方と進め方――』農文協、二〇〇八年、二五ページ。
13　『クレスコ』二〇一二年八月号～一二月号。
14　注11に同じ。
15　「保健室登校の生徒と過ごした1年半について」。全日本教職員組合（全教）養護教員部主催による「２００６年夏の全国学習交流集会」の第三分科会「特別なニーズのある子どもたちの健康・発達保障」での報告。Ａ４用紙一一枚に及ぶものです。
16　二〇二〇年一月一八日、札幌にて。このインタビューでは、後述の齋藤公子に繋がる先輩との出会いも語られました。

17　『クレスコ』二〇一三年三月号、三八、三九ページ。

18　斎藤公子。保育の実践・研究者で、さくら・さくらんぼ保育園の創設者。『斎藤公子の保育論』新版　築地書館、二〇一六年、『斎藤公子保育実践全集』（全三巻）創風社、一九八六、八七年など多数の著書があります。

第3章　「子どもの貧困」と「社会」という角度

これまでの章でも折に触れてその重要性を指摘してきていますが、ここではその角度を主要なものとして考えていきたいと思います。その角度とは、「社会」という角度です。養護教諭実践をテーマに考えてきているわけですが、そこでは必ず「子どもが抱える困難」にぶち当たります。なかんずく、その中心には「子どもの貧困」が大きなウエイトを占めています。そこに光を当ててみますと、子どもや親などの個人的な要因と言うよりも「社会」が大きな比重を占めているし、これを解決するには、保健室・学校に止まらず、社会的な資源＝システム、人脈なども総動員した「社会的な取り組み」が大きな役割を果たさなければならないことが明瞭になってきます。

この本は、お読みいただいておわかりのように、具体的なところから問題を考え、解決策を見いだしていこうとするところに基本的なスタンスを置いています。

そこで、この章も山形さんの具体的な貧困とその解決のための社会的取り組みの物語から説き起こしていくことにしましょう。まずは、これまでも紹介してきた「サヤカさん」の事例です（第一節と第二節は山形さんのルポルタージュです）。

第一節　保健室から見える貧困――サヤカが教えるもの

お金がない

「あのさ……恥ずかしいんだけど……今月も一万貸してほしい……」。サヤカから二ヶ月続けて電話がかかってきました。夫（同棲生活を始めた頃はホストクラブで働いていましたが、日雇いの肉体労働に替わっていました）ともうすぐ二歳になる息子とワンルームの小さなアパートで暮らしています。一家の主な収入は、夫の月給＋児童手当で、生活保護の基準をぎりぎり超える額です。サヤカも息子を保育園に預けアルバイトをしていますが、まだ小さい息子は、突発性発疹だ、インフルエンザだ、ＲＳウィルスだ、クループ症候群だと、もらえるものは何でももらってきてしまうので、そのたびに仕事を休まなくてはならず、安定した収入を得ることができません。夫の給料が入るとすぐに返してくれるのですが、翌月の給料日前には「無駄遣いしてるつもり全然ないんだけど、どうしても一万足りなくなる」のです。

いのちひしめく世界へ

サヤカは私の前任校を中退した元生徒です。六歳で母親と死別し、父親と夜逃げを繰り返す生活の末、一五歳で保護された児童養護施設から高校に入学してきました。「今まで生きてきていいことなんて一つもなかったし、これからもないと思うから早く死にたいんだよね……」と、保健室でつぶやいていたことは前にもふれました（本書八三ページ）。小学校もまともに通ったことがなく、じっと座っていることさえ難しかったサヤカの高校生活は、わずか三ヶ月で終わりましたが、毎日顔を出していた保健室での関わりが学校を離れた後もずっと続きました。

食事を作ることはおろか食べることもままならないほどの偏食、足の踏み場もない部屋、昼夜逆転の生活、小学校三年生程度の学力。高校中退後の一人暮らしに安心できる要素は一つもなく、安心できる場所や人にもつながらず、夜の街で働くようになってまもなく、ホストクラブで働く男性と一緒に暮らすようになりました。

そんな中での予期せぬ妊娠に、最初は死にたくなるほどの恐怖を感じていたサヤカでしたが、出産・育児のための準備が少しずつ整っていくにつれ、だんだんと新しいいのちを迎える未来が喜びや希望に変わっていきました。予定日より八日遅れで無事に生まれてきた息子の傍らで、サヤカが「幸せ」と言いました。

息子が生まれてからのサヤカの変化にはさらに目を見張るものがありました。大の野菜嫌いで「野菜なんか食べなくても生きていける」と言っていたのに、大きなニンジンがごろごろ入ったポトフを作って息子に食べさせ、「おとなは何食べたっていいんだけど、子どもには国産の豚肉食べさせたいって思うんだよね」と言いながら食材を選びます。

「バカだと思われるから」よほど慣れた人としか話さなかったのが、保育園ではきちんと挨拶し、保育士さんと息子の様子を情報交換します。お医者さんにきちんと息子の病状を伝えられず、言われることが理解できるかわからないという不安から、「一緒に来てほしい」とSOSが来ることが多かった病院も、今は付き添いなしでも大丈夫。インターネットの情報も駆使して不安や疑問をしっかりお医者さんに伝えられるようになりました。虐待のニュースに心を痛め、世界中から戦争がなくなればいいと怒ります。

笑った、泣いた、立った、歩いた、日々めざましく成長する息子の姿は「生の肯定」そのものです。息子とともに祝福に満ちた朝を迎えるようになったサヤカもまた、世界から肯定される存在になったのだと思います。「花を見てさ……きれいだなって思うようになったさ……」と話す、サヤカと世界との出会い方が変わった日を忘れません。

社会で育つ

「家計簿をつけてみる！」月末に借りて返す生活を改善したいと考えてのサヤカの挑戦は三日坊主。レシートをとっておく習慣すらなかったのですから無理もありません。夫の給料からガス代や電気代の請求書の金額を引いた残りを日割りして、一日に使えるお金を決めて、サヤカの稼ぎは緊急事態用にとっておいて余ったら貯金に回そうと話し合っていた矢先に、サヤカから「仕事をクビになった」とメールが来ました。

「やっぱ子どももいる人が働きに出るのわ難しいのよね　毎日子どもの具合が悪くなったらどうしようとか（仕事先からは）困るんだけどなんとかなんない？？　とかお母さんとかに頼めない？？　とか　言われるのもーやだ　旦那の給料じゃやってけないよ　生活保護だって　受けたら絶対やな目されて早く仕事って　そりゃ仕事しなきゃ駄目だけど　少し死にたくなった

もちろん死なないけど　なんか疲れたかな少しね」

サヤカが仕事を失うと困るのは、経済的な理由もありますが、保育園に息子を通わせられなくなるからです。自分には息子にしてやれないことがたくさんあると知っているサヤカは、「保育園があって本当によかった」と言います。栄養たっぷりの給食、外遊び、園児同士でじゃれ合ったり喧嘩したりして過ごす一日、息子の成長をともに見守ってくれる保育士さんは心強い存在です。お迎えのたび、両手を広げて駆け寄ってくる息子を見つけて泣きそうになります。「他者への信頼」というお乳を吸って母も子も成長していく保育園は、親子のゆりかごであり学舎《まなびや》です。

学校との出会い方

数年後には、息子は初めて、サヤカと夫は再び、「学校」と出会う日がやってきます。そこでは、学校が「ここまでは家庭でやってきてほしい」と求めてくることに、応えられないことがたくさんあるでしょう。ちゃんと朝ご飯を食べさせて送り出せない日はあるでしょうし、遅く帰ってきた父親がテレビを見ている横で子どもを早く寝かせることも難しいでしょう。学習机や成長する身体にぴったり合った衣類や靴は揃《そろ》えてやれるでしょうか。給食費が家族のレジャー代に消えてしまうこともあるかもしれない。忘れ物がないように一緒に時間割を確認することも、宿題を見てあげることも、相当難易度が高そうです。

「ご家庭でもご協力を」「〇〇してあげてください」「がんばりましょう」――学校からの要請やエールの中に、「指導」の要素が多分に含まれていることを、かつて「指導される者」として学校のなかに存在していたサヤカや夫は、敏感に感じ取ってしまうと思うのです。

そんな時は、「生の肯定」そのものの息子を否定されたように感じ、良い親でいられない情けなさから、祝福に満ちた朝を迎えられなくなることもあるでしょう。それでも、泣きはらした息子と鬼の形相のサヤカが、ふと足下の花に気づくことはあると思うのです。しゃがみこんで「きれいだね」と語り合う親子の背を優しく見守ってほしいのです。そうした学校の眼差しを強く深くしていくことが、困難な生活を切り開いていく子どもと家族が、そのへその緒《お》を社会とつなげていく確かな力になると信じています。

中退した元生徒の出産・子育てに寄り添ってきて、私自身、学校のなかの仕事だけでは得られない多くの学びを与えてもらいました。「サヤカ」や「サヤカの息子」はどの地域・学校にも存在しています。埋もれていたり無視されている彼らの声に応答すること、「ここにいるよ」の声をともにあげていくことで、私も自身のへその緒を社会につなげていきたいと思っています。

第二節　〝なんとかなる〟希望――アヤが教えるもの

もう一人、別の子どもの事例をとり上げてみたいと思います。アヤという子です。

アヤの母親はアヤが小学校六年生の時に家を出て行き、隣の町で別の男性と暮らしています。父親はというと、二人の娘の養育には関心がないようで、次々と若い恋人を作っては、同棲を繰り返し、年子の妹は高校をさっさと中退して、男友達の家を泊まり歩いては時々フラッと帰ってくる生活を続けていました。

くだらない話題や陰口ばかりの女子の付き合いにうんざりし、規律規則を押しつけてくるだけの教師に失望し、学校には何も期待していない冷めた目で、時々体育の授業をサボって保健室にやってくるアヤの悩みは、いくつもありました。いつも体調がすぐれないこと、家にお金がなくて食事を作ろうにも冷蔵庫に食材が入っていない時が多いこと、二階の娘たちの部屋にまで父親と恋人のSEXの音が聞こえてきて眠れないこと、両親の喧嘩に怯《おび》えて過ごしたからなのか小さい頃の記憶がないこと……。

高校三年生の冬休みを目前に控えた土曜日、家出をしたアヤから連絡がきました。雪のちらつく夕方の街角で小さな鞄ひとつ持ってぽつんと私を待っていたアヤ。「あの家にはもう帰らない」と言うアヤを、その晩私の家に泊め、翌日、隣町に住む母親のところへ送っていきました。ところが、アヤはそのまま一度も学校に来ることなく卒業していくことになります。

卒業後は仕事も住む場所も転々としながら、時々近況報告のようにして電話をかけてきましたが、その時々の仕事の愚痴《ぐち》やアパートの大家への文句、体調の悪さや国民健康保険料の高さ、高い保険料を払っても大した事をしてくれない病院に対する文句などの「近況」の一つひとつが、頼るべき身内も定職もないアヤの「生きることの困難さ」を物語っていました。

具体的な解決策や明るい展望など何一つ指し示すことも出来ず、ため息混じりにただただ聞くことしか出来ずにいることに、私自身が疲れていくにつれ、アヤの愚痴は激しさを増していきました。ある日、八つ当たりに近い愚痴を一方的にぶつけてきた後、一瞬の間を置いてアヤが言った一言。「何で怒らないの?」――寄り添いきれない私の心を見透かしたように、悲しそうに電話は切れてしまいました。寄り添うということを深く考えるきっかけとなる出来事でした。

しばらく音信が途絶えてしまったアヤと偶然再会したのは、買い物に行った先で、足下にまとわりついて離れない野良猫を放って帰れず、私が困り果てていた時でした。恋人と暮らしているという小さな部屋に、私と一緒に猫を連れ帰り、「大次郎」と名付けて可愛がることになります。

「中卒なんで……」「頭悪いんで……」が口癖の恋人は、アヤと喧嘩になっても、話し合いを避けるように物に当たるか家を飛び出すかで、それがアヤの悩みにもなっていましたが、二年の同棲を経て婚姻届を出した時は嬉しそうに報告してくれました。

しかし、結婚直後から彼の暴力が始まります。泣きながら電話をしてきたアヤを連れて迷わずシェルターに助けを求めたのは、前ページで述べたアヤとのやりとりにあるように、一人では支えきれないことを思い知った過去の経験からだったと思います。

夫がいる地元では安心して社会復帰に向けた活動が出来ないということで、最低限の身の回り品と大次郎を連れて遠くの町のシェルターにアヤが旅立ったのは、その年も暮れようとする頃でした。高校三年の家出の時も冬でしたから、アヤはいつも雪とセットだったように感じます。

その後のアヤは、シェルターで得た人との繋がりや社会的な知識・関心を財産にして、逞しく生きています。「コネも学歴も手に職もない女が生活できるだけ稼げる仕事なんて水商売ぐらいしかないんだよ～」と言って、ススキノの店を渡り歩くアヤからの電話は、もう文句でも愚痴でもありません。相変わらず先は見えないし大変な生活だけど、たくさんの人との繋がりや支えを実感できていることが伝わってきます。

第三節　「子どもの貧困」を教育実践から見ると？

第一、第二節で山形さんの「サヤカさん」と「アヤさん」の社会的背景と密接にからんだ「貧困の実像ルポ」を見ましたので、ここからは私・福井にバトンタッチして、そのような社会的背景をもつ「子どもの貧困」を教育実践という角度から見ていきましょう。

今日の日本社会で、子どもと教育を論じる時、抜き差しならぬ問題として「貧困」を考えなければならないのは言うまでもありません。それも、その子の家族の実態だけでなく、その家族を取り巻く地域コミュニティの状況も視野に入れることが必要になります。けれども、困難に陥った家族とその子に手をさしのべる周囲の援助がなかなかイメージできにくいのも現実でしょう。例えば、夏休み前の職員室で、「給食が食べられない休み中、あの子はどうするのだろう」という会話があると言います。実際に、基本的な栄養補給を給食にすがっている子どもがいるため、その子への援助が休み中に手が届かないことを教師が心配しているのです。成長・発達を遂げる子どもの基本的な権利が保障されていない状況が広がっているということを意味します。ここに、子どもが育つ環境条件の問題として、「貧困」という問題の角度から考えなければならない必然があるのです。

なぜ、「貧困」がこれほどの問題として浮上したのか。これまでも、学級の子ども間の格差に悩んできた教師は多くいます。その格差が子どもの成長の格差にならないようにしようとする実践的努力もありました。しかし、「貧困」は格差の延長線上で考える範囲を超える深刻さを持つまでになりました。

貧困研究で知られる日本女子大学の岩田正美名誉教授は、格差と貧困を明確に区別して、「貧困」は「許容できないもの」だと定義しています。多かれ少なかれ格差が存在するのが社会現実だと認めるとしても、「貧困」は「社会として許すべきでない」という点を基準にして考えるべきだとするからです。

では、「貧困」を「子どもの貧困」という視角でとらえる時、それはどのように考えるべきでしょうか。別の言い方をすると、子どもが人間的に十全な成長・発達を遂げていく上で、必要な環境条件が許容できないほど侵害されている状況だということです。

しかし、そうは言っても、それを教育実践上の問題として考えるのにはさらに難しい問題があります。例えば首都大学東京の阿部彩《あや》教授は二〇〇八年に出版した岩波新書の『子どもの貧困』のなかでは、前述の岩田教授と同様に「許容できない生活水準＝貧困状態」を問題にしていますが、にもかかわらず、残念なことに、その指摘から十数年を経ている今日、さらに生活保護をはじめとした福祉政策の切り下げなどへと進んでいることです。それらのことを視野に入れて、何を、どこまでを、必要最小限の具体的環境条件と見るのか、そのなかで現に生きているその子をどう見るのか、教師として何ができるか――この章では学校から地域に打って出て地域コミュニティ維持に奮闘している「山形実践」をはじめとする優れた具体的な実践を手がかりに考えていくことにしましょう。

（1）学校から地域に打って出る教育実践

身体の訴えに耳を傾ける保健室

貧困のなかで幼児期から学童期を過ごしてきた子どもは、成長の途上でどのような困難を抱えることになるでしょうか。そこから生まれる教育実践上の課題は何かを考えていくことにするのですが、それにはやはり「山形実践」が手掛かりになります。

山形さんは、すでに一〇一ページで紹介したように、二〇一三年に「貧困と孤立のなかで生きる子どもたちの育ちと暮らし」と題する実践記録を書き、高校の保健室で出会った子どもたちの凄まじい生活実態を明らかにしました。そこでは養護教諭としてどう取り組んできたかが語られています。

まさに山形さんが直面した高校生たちは、「貧困」という概念なしでは紹介できないでしょう。この記録の「保健室から見える貧困」という項で、養護教諭として子どもの身体に寄り添って生活をつかむことを、「保健室は子どもの身体の状態が見える場所だ。身体は生活のなかでつくられる。だから、身体の訴えにていねいに耳を傾ければ、おのずと生活が見えてくる[1]」と言っています。これは具体的にはどういうことか。そこには養護教諭としての山形さんの蓄積して来た専門性がよく出ているので、少し長くなりますが、その意味するところを、読み解き、位置づけながら紹介しましょう。

「毎年の健康診断では身長や体重、視力や歯の状態などを調べるが、高校の保健室には小中学校の九年分の記録も保管されているので、身長がグンと伸びたのがいつなのか、乳歯はいつ生え替わったのか、といった成長の足跡がわかる。それとともに、視力が下がったときに矯正しているかどうか、虫歯の治療歴があるかどうかという記録からは、生活のようすや歴史が浮かび上がってくることもある」と言っています。これは山形さんが、子どもの生育の記録からその子の生活史を読み取ろうとしているのだと言ってよいでしょう。そして、「生活上の課題がある子は、過去の健康診断票のなかに、必ずと言っていいほど『未検』という文字が見つかる。しかも複数あることが多い」と指摘します。(2)

山形さんはこうした記録を「処理すべき情報」と見ているのではありません。記録をたどりながらその子の生活を見ているのです。例えば、こうです。「ハルナは中学二年〜三年で体重が二〇キロ増加していたが、親戚宅で暮らし始めたのが中学二年だったことを思えば、食生活の変化、特に、安心して食事がとれるという環境がこの時期にはあったことをうかがわせる」(3)と、その背景と意味を鋭くつかみだすのです。

結果、このようなまなざしで子どもとその生活を見る山形さんの目には、「保健室での問診や観察からは『眠れていない』『食べられていない』子が多く見つかる」わけです。そして、その見るところはまさにリアルです。「アサミやマミは実際に食べる物がないこともたびたびあって、それを訴えもした。ハルナはいつ家族が怒り出すかわからないという安心感のないなかでの食事であったし、トシキは食材や技術があっても食べる気力がなく、マホ・カホ姉妹のお弁当はご飯の上に冷凍ハンバーグが三枚だけ載ったものだった」と。(4)

そうした生活のなかの子どもの困難を、この養護教諭はさらに深くつかんでいきます。「『眠ろうと思って布団に入っても二時間も三時間も（時には朝まで）眠れない』『途中で何度も目が覚める』などの睡眠の問題は全員が抱えていた。幼少期から安心がぐらつく足場の悪さが、自律神経系の発達を阻害していることがうかがえた[5]」というのです。

　山形さんはこのような高校生と卒業後や退学後にもかかわり、住居や仕事の世話、生活保護の申請まで手配しています。学校の枠をはみ出して、ケースワーカーやソーシャルワーカーの仕事を含んで子どもに関わっているのです。これは、「ケアワーカー」（このような言葉が定着しているかどうかわかりませんが）とでも言いうるのではないでしょうか。このような寄り添い方を重ねてきた山形さんだけに、貧困に関わる発言も重要な示唆に富んだものがあります。その言うところを聴きましょう。

「『貧困』は多くの場合、『低学力』『病気』『虐待』『犯罪』『家族離散』など、その他の困難の要因や結果としてともに存在しており、単に経済的側面の解決を図るだけで子どもの生活が保障されるというような単純なことではなくなっている。先に述べてきたような、一人の生徒、一つの家庭を幾重もの困難が取り巻いているケースに出会ってきたなかで、私が特に重要だと感じているのが人とのつながり、コミュニティの側面である[6]」とします。

　さらに深く聴かなければならないのは次の指摘です。「貧困状態での孤立、あるいは関係性の貧困といったことが『貧困問題』における事態の深刻さをよりいっそう深めていると感じる一方で、この側面にこそ、問題を解決していく希望の灯が立ち現れているのではないかと思うからだ」[7]と。この言葉には、彼女の実践的な決意や覚悟さえ感じさせるものがあります。また、山形さんは「早期に学校から離脱していく子どもたちに、幾度となく遭遇してきた」と言いながら、それと同じくらい、「それぞれ異なった背景をもった子どもたちが、集団的な学びのなかで成長し、自己を変革していく姿も見てきた」と述べ、「人と人をつなぐコミュニティとしての学校は、希望の灯が立ち現れている場所なのではないだろうか[8]」と、書いています。学校の役割を見捨てていないのです。

人と人をつなぐコミュニティとしての学校

しかし、日本の現実には、一方で「人と人をつなぐコミュニティとしての学校」そのものが維持できないような、地域コミュニティ自体の衰退が進んでいるという問題もあります。「教育の集い2013（名古屋）」の学校づくり分科会でそれとたたかう報告を聞きました。

青森の高校教師寅谷正さんは、自らのふるさとでもある階上町《はしかみちょう》で、市町村合併や高校統廃合に反対してこれまでも地域とそこに住む人々の営みを守るために頑強にたたかってきました。しかし、青森県の人口が「一〇〇万人割れ間近に」などと報道され、「子どもが減っている」ことを口実に、高校統廃合が繰り返し進められる実態に直面することになります。けれども、そのようになってしまうのには、雇用の喪失と低賃金の問題がありました。人口の減少を食い止めコミュニティの維持を図るには、安心して子どもを高校に通わせるだけの家庭収入が確保される必要があるからです。この問題を深く考えると、そこに行き着いたと言います。

寅谷さんの試算によれば、必要額は年収三〇〇万円。「そもそも少子化の根源は『日本の地方』では『かかりすぎる教育費』もあるが、『現金収入三〇〇万円』を捻出《ねんしゅつ》できる『職場（雇用の場）』のないことに尽きる。この『働き場』が確保できれば、八戸《はちのへ》や仙台や横浜に、階上町の二〇代～五〇代の人たちは愛する子どもたちを残して出稼ぎや一家転住しなくて済むのだ」と結論したのです。そして、寅谷さんはそう考えただけではありません。自らも「心で『三〇〇万、三〇〇万』と唱えながら、林檎《りんご》・桃・梨・ブルーベリー等の『果樹栽培』に挑戦し、地域で頑張っている人との輪を作りながら、『ヤマセ（偏東風）』という悪天候に悪戦苦闘し[9]」家族ぐるみで奮闘しているのです。

この東北には、一九三〇年前後から始まったとされる生活綴方教育運動があります。これを進めた教師たちは、戦前来、子どもの暮らしを見つめるなかで、出稼ぎ問題に向き合ってきました。彼らが語った「生活台」（子どもをとりまく生活とそれを規定している経済的・社会的・文化的諸条件の総体のこと）の問題を、現代の教師もなお現実的な課題としてたたかわなければならないということです。

山形さんがまさに目の前の高校生を通して見ているような、社会の現実と向き合うことが、教育の場で今日の貧困問題を考える核心になっているのです。

(2) 子どものなかに情勢を見る眼を

子どもが映す社会

山形さんはまた先の論文で、厳しい家庭状況のなかで育ってきた高校生の回りに、モデルになる大人がいない問題も論じています。文化的な格差も広がり、それがまた貧困と格差の拡大再生産になりかねないという問題です。孤立した暮らしや追い詰められて荒んだ世界が、子どもたちにとって破壊的な攻撃感情の土壌となり、他者攻撃としてのいじめや、自己への攻撃性や自暴自棄として現れる危機も生み出しているのです。

このように見ると、子どもの否定的な言動には何かそれなりの根拠があり、そこに眼差しを向けて寄り添いつつ働きかける、教育的福祉的実践の重要性が浮かび上がってくるのではないでしょうか。現在、子ども全体に見られる自己否定感の強まりのなかで、いじめ問題をめぐっても、いじめられた子の安心と安全の確保のための手厚いケアと同時に、いじめる側の子がその攻撃的な感情を克服していくような、丁寧な指導が必要になっていることを教えているのではないでしょうか。

ところが、世を挙げて「よい子・できる子・がんばる子競争」が過酷化し、その評価に縛られた教師が「キチンとチャンと」を子どもに求めれば、指導に従わない子は問題児として自己責任を追及されることになるでしょう。そうなると、「よい子」を求める大人は、そこからひどく外れる子に嫌悪感を感じるようになりはしないでしょうか。そうなってしまったら、その嫌悪感を生み出す原因になっている社会的現実にこそ、その子の抱える困難があり、指導のポイントもまたそこにあるのに、最も重要な解決のための中心点＝的《まと》を見失うことになってしまうでしょう。

そのことを心して考えれば、子どもに心を寄せて実践しようとする教師こそ、子どもの貧困を含む諸困難がよく見える位置にいることに気づくのではないでしょうか。子どもの置かれた状況、生活背景、社会構造などを広く視野に入れて、その子の成長・発達の姿から教育的ニーズを深くつかんでいく。そこに根ざした実践を構築しなければならないと言えます。

こうして、子どもの生活を深く見据えると、地域コミュニティの問題や社会構造そのものの問題を見ていくことになると思います。

生活綴方実践に学ぶ

このような問題で「子どものなかに情勢を見る」などという表現を生みだし、つとに苦闘してきたのは生活綴方の教師たちでした。

この運動は日本の教育遺産とも言うべきもので、これまでも何度か触れてきましたが、ここで、この運動とはどのようなものであったのかを簡単に紹介しておきます。

この運動は、子どもたちが自分の生活のなかで見たり、聞いたりして考えたことを、自分の言葉で具体的に綴ることで考え方を整理したり深めること、あるいは表現できるようになることを目指したものでした。これは大正時代の初期に始まり、その代表的なものには一九一八年・大正七年に創刊された児童雑誌『赤い鳥』が進めた〃ありのままに綴る文章表現運動〃などがあります。その後、大きな運動に発展しましたが、日中戦争が拡大するなかで多くの検挙者を生むような弾圧がされ中断。しかし、大戦後には復活し、一九五〇年・昭和二五年には「日本綴方の会」（翌年「日本作文の会」に改称）が誕生して、いまもこの会を中心にして運動が進められています。

ですから、この生活綴方の教育実践には、貧困と向き合いたたかってきた蓄積があります。例えば、秋田の佐々木昂《こう》（本名はたかし。一九〇六〜四四年）は、一九三一年・昭和六年の凶作に出合い、北日本国語教育連盟を作りました。彼は「その時には綴方教師に依《よ》つて此《こ》の生活を何とかしてやらなければならないといふ気持を横溢《おういつ》させた[10]」と述べ、「子供達を何とかしなければならぬといふ生活台の問題を考へた時に、綴方教師が一番生活を守つたし、生活を発展させたのです。それで僕は生活を何とかしなければならないといふ所に綴方教師の使命を考へた[11]」とも語っています。

その実例を次のように言っています。「高二の子供〈「高二の子供」は、当時の尋常小学校高等科二年生、今の中学二年生に当たる――引用者〉に『職業』といふ題で綴方を書かせた。それに対して佐藤さきといふ女の子供は、厖大《ぼうだい》な作品を書いた。卒業期に臨んで自分はどうして宜《よ》いか分らんといふ苦悩を書いた。これは綴方（だけ）では解決が出来ないから、皆で相談して、どういふ職業に就けてやるか、その子供を何とかしてやらなければならないといつたやうな、綴方以外にはみ出した問題が起つた[12]」と。これは一九三八年五月号の『教育』に掲載された「『生活教育』座談会」での発言ですが、別の所では「『最小限度を保障されざる』に発した子供たちの生活処理」を問題にし、「地域の生活性の必然を考え、そこから指導の結論を割り出している謂《い》はゞ最小限度を保障されない生活を基準としてやつている。――この実践に間違いはないのではないか」[13]（『生活学校』一九三八年六月号）とも話しています。

この座談会に同席した城戸幡太郎《きどまんたろう》（一八九三〜一九八五年、保育問題研究会会長など歴任）が、綴方教師が子どもの過酷な状況に直面して、「自分は村落の教育をしなければいかん、併しさうするとそれと学級生活とは矛盾すると言はれるが、村落教育を子供を通じてするといふことにするならば何も矛盾はしないと思ひます[14]」と述べていることは、「個」の枠に止まらずに、社会に視野を広げた、的を射たものです。この佐々木と城戸の見方は、社会に直接働きかける大人としての活動と教師としての子どもへの働きかけとの区別と関連を論じたものと受け止めたいし、教育実践上の教師の課題を指摘したものと考えられます。

「子どもの発見」は教師のとらえ方にかかっている

さきに（本書一四五〜一四六ページ）、「子どもの生活を深く見据えると、地域コミュニティの問題や社会構造そのものの問題を見ていくこと」が重要だと指摘しましたが、教師がもつべき社会認識では、むしろ、この視点を持たなければ、貧困のなかにいる子どもや、その他の困難を抱えた子どもを本当に理解することも、寄り添うことも出来ない、ということを重ねて強調したいと思います。

現場に目を向ければ、まじめな教師から、「クラスの子が可愛く思えない」という嘆きを聞くことがあります。しかしまた、同じ教師が同じ子を、時として「愛おしい」存在と語る声も聞くのです。

それはどういうことでしょう？　まったく単純化して言えば、出来合いの基準を持って子どもに臨めば、その基準に合わないと、「がんばれないダメな子」と見てしまうことになったのです。けれども、何かの機会にその子の生活や環境条件を深く見る機会がうまれ、そうした視野の広がりのなかにその事実を置き直してみると、「成長に必要な環境条件が破壊されている人権侵害のなかで、それでも健気に生きている子なのだ」と気づくでしょう。この「子どもの発見」が起きるのではないでしょうか。

このような「子どもの発見」は、多くの場合、教師の社会認識の深まりと関連していると、強く指摘しておきたいと思います。

（3）　教育する側の貧困

教師の労働条件の貧困

　貧困のなかで生きる子どもを支え、その子の胸に希望の火を灯し、生きる力を育んでいくのは、地道で息の長い取り組みを要します。しかも、その取り組みは一人ではなく、多くの人たちとのつながりを組織しなければ実現できない性格のものです。その役割を担うべき軸となる人は、その子と最初に関わる教師が多いのではないでしょうか。その際、子どもの状況が厳しければ厳しいほど、教師はより手厚く一人一人の子どもに対応しなければなりません。

　しかし、実はその教師が大変なことになっています。この節ではその実態を見ることにします。マスコミもこの状況に目を向け始めました。毎日新聞は「深刻さ増す現場の疲弊《ひへい》」という見出しをつけて、「先生は忙しい。その忙しさは解消されるどころか、うつ病など心の病で休職した公立学校の教員が二〇〇八年から四年連続で五〇〇〇人を超えるなど現場の疲弊は深刻さを増すばかりだ」と教師の過酷な状況を報じています[15]。

さらに考えねばならないのは、休職者の周辺には、おそらくその何倍もの同じような困難を抱えた教師がいるということです。

同記事では、全日本教職員組合（全教）がおこなった調査データを紹介する形で、「教員の残業は月に九五時間半。土日出勤が増加」していると指摘。また、多忙と過労のなかで働く教職員が、ＮＰＯ「日本標準教育研究所」の調査をひきながら、困難を打開するために教職員の多くが「時間的な余裕」と「学級の定員減」を求めているとも書いていて、打開に向かう意欲そのものが破壊されているわけでないこともうかがえる記事になっています。

現実を見れば、過労死する教師も後を絶たず、公務災害認定を求める運動もあります。この記事が紹介した労働時間と多忙化という問題のほかにも、教員の非正規化が進み、職員室の三分の一が非正規だという学校さえあるのです。

いずれにしても、この教師の労働条件は、子どもにとっては教育条件なのだという受け止めが大事になってきます。助けが必要な子に援助の手が回らないというのでは、子どもの貧困を打開する糸口もつかめなくなります。

ですから、さし当たり三五人以下学級を実現し、一人ひとりの子どもの困難に教師が向き合えるように一層の学級定員減を図るべきです。そのためには、諸外国に比べて少ないと指摘されている、日本の公的教育費を抜本的に増額することが求められるでしょう（現状は国内総生産に対する学校教育費が、ＯＥＣＤ加盟国中最低）。

どのような生活条件にある子どもも、どのような困難を抱えた子どもも、人間的に十全に成長・発達するのを保障する教室と学校を実現したい。この願いは教師だけでなく、誰にでも共通するものでしょう。これを実現するためには、また子どもの貧困をなくすためには、その環境条件を改善するとともに、その子自身が問題に向き合い生きていく力を育てることが必要なのは論を俟《ま》ちません。この観点を共有して、子どもを支える地域のネットワークを形成するために、労働条件が厳しさを増し、毎日新聞の記事が指摘するように、「現場の疲弊」が進むなかにあっても、教師の前向きの意欲が破壊されつくしていないのですから、この力に依拠して、さらに大きな仲間（地域と学校）のネットワークづくりに力を注いでいくことが求められます。その時に、教師は、子どもの人間的な育ちを語るリアルな言葉を持って、社会的な発信を考えなければならないと思うのです。

教育内容の改善——貧困を生き抜くための生存権の学習を考える

では、人は、子どもは、社会生活で貧困に陥った時、何とか生き抜き、かつ生活を立て直す展望をどうすれば持てるのか。これは切実な課題です。

山形さんの教育実践記録を見ると、高校（卒業・中退）後の若者たちが生活困窮に陥る様子がいくつもリアルに描かれています。教え子の若者に仕事も住む場所もないという状況が生まれた時、山形さんはとりあえずの緊急避難的な生活維持の手立てとして「生活保護制度」の活用を提起します。そして、必要に応じては、その受給申請に同行します。以下のように語られています。

「一ヶ月私の家で一緒に暮らしながら、お父さんと世帯分離して生活保護受けられるようにして、アパート見つけて、アルバイト探して……っていろいろ動いて、自立支援施設とか地域生活支援センターとかサポステ（サポートステーション）とか夜間中学とか、助けてくれそうなところにもいっぱい一緒に行って……、でも、福祉的な支援にはつながりませんでした。私の安心のためにつなげたかったけれど、彼女の望みには合わなかった、ということだったと思います。

……結局、また夜の世界に戻っていったんですね。そこで、知り合ったホストの男性と同棲し始めて、子どもができました。結婚して夫はホストやめるんだけど、最初は日払いの派遣仕事で、一日仕事休んだら今日食べるものがないっていう生活だから、ハローワークにも行けない。安定した仕事探す間だけでも生活保護受けたいけど、『自分たちだけで役所行っても話聞いてもらえないと思うから、一緒についてきてほしい』って連絡が来ました。一緒に行ったら『あなた、どういうご関係ですか？』って（笑）、無事に受給手続きできましたけど（笑）」[16]

この若い母親は在学した高校の保健室で山形さんと出会い、その後中退していった紹介済みのサヤカさんです。これまでの山形さんとの応答を通して、「この先生なら同行してくれる」という信頼があったに違いありません。学校の枠を越えて行動を共にしてくれる山形さんは、「社会的行動派」とでも呼ぶべき教師なのです。

この取り組みに接して、元中学校社会科教師であった私・福井は、深い反省を迫られました。高校中退に至る若者にとって中学校社会科はきわめて重要な学習機会であったはずですが、やがて直面する「生活保護」をめぐる問題について、具体的な権利行使がイメージできるような学習を組み立てたことがなかったからです。社会科なのに、教科の学習が生徒の具体的な生活の問題と結びついていなかったという反省です。

「何のために、何を目指して、どのような内容を、どう学ぶか」――教科学習の基底は生々しい生活の問題とつながっているはずなのに、テスト対策の効率的な暗記優先の授業によって、子どもの目からも、教師の目からも、それが見えなくなっていた。見えなくさせていたのです。私の授業では、生存権保障については確かにいつも力を入れた分野でした。しかし、いま振り返れば、制度の意義と仕組みの解説に止まっていて、生徒がその権利行使の主体になるような学習にはなっていなかったと言わざるを得ません。

現代のように困難を抱えている子どもたちに、どのように寄り添うかを考えれば、困難を乗り越えて生き抜くための生存権の学習が、なによりも大切なのだと言えるでしょう。

生活保護に関わる教科書記述の問題と授業改善

因みに手元の中学校社会科公民分野の教科書を見ると、例えば文教出版の教科書では、「人間らしい生活を営む権利」という小単元を設けて、社会権、生存権を解説しています。そこで示されているのは、「すべて国民は、健康で文化的な最低限度の生活を営む権利を有する」という日本国憲法第二五条のみ。さらに、自分の住む市町村で「生きるために必要」なものは何かと問うて、衣服、家、食べ物、電気・ガス、テレビ、冷蔵庫、軽自動車、スマートフォンなどを図示し、「人間らしく生きるために必要だと思うものを選んでみましょう」という課題の提示に終わっています(17)。

しかし、これでは実際の授業で権利の行使が具体的にイメージできるような内容になるでしょうか。ならないと思います。

なぜなら、私も含め授業者である教師の側に、具体的でリアルな認識が欠けているからです。例えば、役所の担当窓口で「生活保護申請」を容易に認めない「水際作戦」（生活保護の受付で色々と理由をつけて申請書を渡さなかったり、受付を拒否して受給者を少なくしようとするやり方）がおこなわれ、困窮当事者が追い返される事例など、実際の運用が制度の趣旨に反しているることなどの実態を知らないのです。教科書の記述をなぞるに止まるような教材研究でなく、当事者の体験を想像できるような具体性を持つところまで深め、生活のリアルと結ぶ学習を創り出さなければならないのではないでしょうか。

さらに具体例を見てみましょう。例えば「生活困難に陥った時のセーフティネットとして生活保護という制度がある」とよく言われます。しかし、教科書ではその内容説明自体が不十分です。実際の記述を見てみましょう。中学校社会科東京書籍『新編新しい社会　公民』（平成二八〈二〇一六〉年発行）を例にとります。

第四章「わたしたちのくらしと経済」の第四節「国民生活と福祉」の項目三が「社会保障のしくみ」です。見開き二ページで取り上げられていて、その小項目は「社会保障のおこり」、「日本の社会保障制度」、「社会保障の四つの柱」となっています。このうち、「日本の社会保障制度」の項では、日本国憲法第二五条の条文が示され、次のように記述されています。「第25条②の条文にある『社会保障』は公的扶助と社会保険を指しているため、日本の社会保障制度は、社会保険、公的扶助、社会福祉、公衆衛生の四つを基本的な柱としているといえます」と。

続く項目の「社会保障の四つの柱」では、それぞれの「柱」について短い説明があるのみです。

さらに次のような説明もあります。

「社会保険は、人々が毎月、保険料を支払い、病気になったり、高齢になったりしたときに給付を受ける仕組みです。病気になったときなどに一部の負担で治療を受けられるのが医療保険、一定の年齢に達してから、あるいは障がいを負ったときなどに現金給付を受けるのが年金保険です。日本では、1960年代の前半までに、全ての国民が医療保険と年金保険に加入する、国民皆保険と国民皆年金が実現しました。

公的扶助は、生活に困っている人々に対して、生活保護法に基づいて生活費や教育費などを支給することによって、最低限度の生活を保障し、自立を助ける仕組みです。社会福祉は、高齢者や障がいのある人、子どもなど、社会生活を営むうえで不利だったり立場が弱かったりする人々を支援する仕組みです。環境衛生の改善や感染症の予防などにより、人々が健康で安全な生活を送れるようにするのが公衆衛生です(18)」

以上見るように、制度についての用語解説にはなっているのですが、「生活保護」という言葉が本文中に出てくるのは生活保護法の紹介だけです。そこ以外は欄外の「日本の社会保障制度」としてまとめられた表のなかにありました。「種類と仕事の内容」が一覧で示され、そのなかの「公的扶助」の「仕事の内容」として「生活保護」という単語が一つあるだけなのです。

これでは、生活困窮に陥った時にきわめて重要な役割を果たす生活保護なのに、その言葉自体が広く知られないようにするために、教科書でも「水際作戦」なのかと言いたくなります。

「保健室から創る希望」は創造的教育実践の本筋

以上を見てきて結論すれば、子どもの貧困に立ち向かう教育実践は、教科の学習内容についても「生活からの子ども理解」を進め、その生活の課題にかみ合うようなものにしなければならないということです。

そうすることで、子ども・若者たちには、日常生活で感じる疑問や不満や問題を要求として出し、生活を高めるために自ら行動する主権者になるように育ってほしいと願います。

しかし、この当然のように見えることが実は難しい。なぜか。

私は四つあると思います。①疑問や不満を持たず、問題を感じないようにさせる力学が強い。例えば「足るを知る美徳」に誘導される。②安心して生活の問題を発信し交流する仲間がいない。③問題の構造と政治のつながりが見えにくい。④忙しい日常のなかで、「自分が何か言ったところでどうせ変わらない」という諦めに流される。

これらの底には、これまで自分が何かを変える役に立った経験がないし、新自由主義が広がり、自己責任論に囲い込まれるなどという問題があるように感じます。

そのことに対比すると、山形さんの教育実践は、生徒の生活行動に伴走し、彼女ら・彼らのニーズを尊重しながら、この若者たちの生活認識を高め社会連帯性を育む、地を這うような努力があります。それは、子どもが生きる主体に育っていくことを支える教育実践だと言ってよいでしょう。

これを学校内でも広げ、目の前の子どもへの理解を共同で深め、それぞれの教師が自分の担当する教科学習内容を検討するところにまで進みたい。保健室でつかんだ子どもの生活の問題が、教科学習の改善につながる問題提起として生かされるべきだと考えるのです。

そうなれば「保健室から創る希望」は、学校全体の授業改善の希望にも発展するし、子どものための学校改革への希望につながるでしょう。それこそが、「子どもの貧困」に立ち向かう教育実践創造の本筋であると思います。

第3章第三節での注

1 山形志保「貧困と孤立のなかで生きる子どもたちの育ちと暮らし――高校保健室で出会い寄り添う」教育科学研究会編『講座 教育実践と教育学の再生 第1巻 子どもの生活世界と子ども理解』かもがわ出版、二〇一三年、三一ページ。
2 同上。
3 同上、三二ページ。
4 同上、三三ページ。
5 同上。
6 同上、三四ページ。
7 同上。
8 同上、三六ページ。
9 「教育の集い2013（名古屋）」『日本の民主教育2013』大月書店、二〇一三年、二四二ページ。
10 佐々木昂ほか「『生活教育』座談会」『教育』一九三八年五月号掲載、『佐々木昂著作集』無明舎出版、一九八二年。二〇三ページ。

11 同上。
12 同上書、二〇〇ページ。
13 佐々木昂「生活・産業・教育——生活教育の問題を考える——」『生活学校』一九三八年六月号掲載、同上書、二一一〜二一二ページ。
14 城戸幡太郎ほか、前出「『生活教育』座談会」同上『教育』、同上書、二〇五ページ。
15 「毎日新聞」二〇一三年一〇月二八日付。
16 山形志保「貧困フォーラムリレートーク」（二〇一七年一〇月）での発言。
17 中学校社会科教科書『中学社会公民的分野』（平成二八年版）日本文教出版、五四、五五ページ。
18 中学校社会科教科書『新しい社会　公民』（平成二八年版）東京書籍、一五〇、一五一ページ。

第4章　子どもと保健室をめぐる対話

第一節　保健室――傷ついた子どもにとっての自己回復のゆりかご

養護教諭・山形志保さんの教育実践を「保健室の実践」という枠でくくるのは難しいと感じています。確かに生徒と出会っているのは保健室です。しかし、その実践内容は学校内に止まりません。彼女ら・彼らの「高校（卒業・中退）後」に及んでいるからです。その取り組みを、「二〇年にわたる社会実験」だと山形さんがある学会発表の場で冗談めかして語るのを、私・

福井は聞いたことがありますが、言い得て妙《みよう》です。対象が青年期を生きる若者たちの社会生活を含む支援に拡張されているのです。

同時に、生徒にとっても高校保健室の意味が深められていることが大きいと思います。

この開拓的な試みを各章で紹介していますが、この本の総括ともなるこの第4章で、山形さんの創りだす「保健室」が、そこで出会った生徒たちにどのような意味を持っているのかを考えてみることにします。

対話が生まれる場所

山形さんと生徒の関係やその応答を見ていて強く印象に残るのは、そこでの対話の質です。この対話では、生徒の心底の思いが表出され、それが温かく深く受けとめられて意味づけられていっています。山形さんがごく自然体で示す受け応え自体が、生徒の次の応答の質を生み出しているのです。そう感じることが何度もありました。「いま、ここで、ともに生きる者」として、同じ地平に立つ対話が生まれていると思うわけです。

「山形先生のいる保健室」は、まさに生徒にとっては安心して話ができ、対話が生みだされる場所。山形さんは目の前の生徒を、悩みも感情も持って生きているまるごとの存在として理解し、生徒の方はひとりの人間として認められていると感じています。そのようにしてこそ生まれる対話の質でした。対話は対等であり、それぞれの思いが尊重されている温かい雰囲気があります。

そのように相乗的・相互的に生み出されている「質」なのですが、それを創りだせているのは、ひとえに、教師としての山形さんの専門的な力量があったればこそです。その核心の力となっているのは、ひとりの生徒の悩みの内実を深くつかむ、その生活状況と生活感情を理解する、ということなのですが、そうした実践的努力は単純に生徒と同じ地平に立っているというだけでは実現できません。生徒と打ち解け親密な関係を成立させるということが、そもそも教育実践の内実なのですが、それはまた分厚い実践が積み重ねられなければ生まれない賜物なのです。

それでは例によって山形さんの実践記録を具体的な材料として考えていくことにしましょう。「めぐみ」という卒業生との対話です。彼女は卒業後、牧場に就職したのですが、牧場主から退職を迫られ、その直後に山形さん宛に送ったメールでのやりとりです。

めぐみ：「夜遅くにごめんなさい。最近マジで涙もろくてヤバいです。どうしましょう」
山形：「涙もろくてもいいじゃない。状況的には不思議じゃない」

めぐみ：「ちゃんとした人間になりたい」
山形：「君はちゃんとした人間です」
めぐみ：「そうかな……人間的な感情はあまりないよ？」
山形：「そんななら涙もろくなりますかいな。人間的な感情を深い場所にしまってあるだけです。ないわけじゃない」
めぐみ：「そっか、まだ感情があったんだ。まだ人間になれるかな。そろそろ泣きやみたいんだけどどうしたらいい？」
山形：「散歩にでも行っておいで。虫やら蛙やら鳴いていて一人ぼっちじゃない気になるよ」
めぐみ：「うん。散歩してみる。ありがとう」

「ちゃんとした人間になりたい」「まだ人間になれるかな」という言葉は、めぐみさんの相当に深いところから発せられた言葉だと感じます。すでに卒業して、日常的には出会わない山形さんに、なぜこのような根源的な問題が提出できるのか。それはめぐみさんの願いを山形さんが深いところで受けとめ続けてきたからでしょう。だからこそ、引き出されたものではないかと思います。

「人間的な感情を深い場所にしまってあるだけ」という山形さんの言葉が、めぐみさんにリアリティを持って受けとめられるのは、なぜか？　それは、彼女が「自分を分かってくれている存在」として山形さんを理解しているからです。このような応答によって、めぐみさんの感情は解きほぐされたのだと思います。

「まだ人間になれるかな」という言葉が示すのは、主体的に生きるというほど彼女の意欲に明確な方向性はないけれども、内面的な能動性が起動していると言ってまちがいありません。それが散歩という具体的な行動の提案を受け入れ行動化していくことにつながっています。

対話とはこうしたやりとりの全体を言うのだと思います。おそらくは、これまでめぐみさんの示す表情の変化や雰囲気などにも注意を向け、たとえそれが屈折した表現であっても受け止めてきた蓄積があるのでしょう。それ故《ゆえ》にこそ、めぐみさんはおずおずと語りだしたのだと思います。

対話を紡ぎあう実践

このような対話が成立するのは、お互いが長い交流を通して「わかっている・わかってくれている」という信頼関係が成立しているからだといま述べましたが、それだけでしょうか？

この点ではもっと突っ込んで、改めてその核心部分を整理し、考えるべき問題があります。それは二つあると思います。

私・福井はこれまで十数年以上山形さんと交流を重ねて、実践記録の検討、保健室実地調査、直接のインタビューなどをしてきました。山形さんが気になる生徒に向き合って応答している場面も現地で見聞しています。

そこで感じたことは、普通なら正しいと思うことをつい言ってしまいそうな場面でも、山形さんはそういう言葉を簡単には口にしません。先を急がずに、生徒が葛藤したり揺れたりしている時間を大事なものとして認めているのです。

生徒の示す「もつれた問い」も、それが「自分を生きるための模索」の始まりと受け止め、その生徒の人としての主体回復が始まっている、しかもそれは初期の微動・兆候のように見ているのだと感じました。

「結論」と言うか「正解」を簡単に求めない。一緒に考え、伴走する。これが対話を成立させる第一の「要」です（「第二」と述べましたが、この「要」には順位はありません。その「要」は、それぞれの「時の状況」に合わせて、「しかるべき要」になっているのです）。

「いま」を悩みながら生きるという、同じ地平に立っているという思いを共有している。そのことを大事にしているように見えました。

山形さんのこの懐深い対応を見ながら考えたことは、その基本スタイルとして、問題認識を当事者と一緒に深めていく探究的な姿勢があるということです。目の前のひとりの生徒が直面している本当の悩みは何か、そこにある問題は何か、それをどのように一緒に考えるか、という探究です。

生徒自身を探究の主体に育てながら、そのペースにあわせて伴走しようとしています。それは対象との距離を取る「冷たい」探究では、決してありません。打ち解け、一緒に悩みながら伴走していく、そのような伴走をしながらの対話なのです。

生活から生み出す対話

めぐみさんと山形さんの対話を生み出しているもう一つの「要」は、ひと言で言えば山形さんへの信頼です。教室に行きづらかった自分が保健室で受け入れられていたこと、山形さんがめぐみさんの母親の相談にも乗っていたこと、つまり、家族の生活を丸ごと理解した山形さんの支援がその信頼を厚いものにしているのは確かでしょう。母親にしても、山形さんに相談を持ちかけるのは、娘に対する保健室での会話や対応をめぐみさんから聴いていたからに違いありません。この家族支援の状況は次のようなエピソードからもうかがえます。

めぐみさんが就職先に旅立つ前日に、伸びた髪を山形さんは保健室で切ってあげたそうです。するとお母さんは、「先生上手だねえ。さっぱりしていいわあ……」と半分涙声で電話してきたと言います。早くに離婚したシングルのお母さんは脳血管障害のために不自由になった身体で、生活保護を受けながら三人の子を育てていました。暮らしは厳しく、めぐみさんも二歳上のお兄さんも修学旅行には行かなかったと言います。お母さんと山形さんの間ではそれ以前にも何度も電話での会話がありました。「友だちができないことを心配しての電話、部活に再挑戦後の表情が明るくなったという喜びの電話……。受話器の向こうから、厳しい生活のなかでの子育ての不安や、自身のふがいなさに対する嘆息や、子どもへの愛情が、ろれつの回らない声に乗って伝わってきました」と、山形さんは振り返っています（この節で紹介する山形さんの実践については本書第1章〈三二一〜三五ページ〉収録のものですが、初出は雑誌『クレスコ』の二〇一二年八月号から一二月号に連載されたものです）。

この家族を含めた信頼感が、対話を成り立たせている「第二の要」だと言えます。

傷ついて保健室を訪れる子どもとその家族にとっての学校体験は、残念ながら肯定的なものは多くありません。学校は困難を抱えた子どもに寄り添うよりも、その親に子育て批判を投げつけてしまいがちです。新自由主義的な社会意識の浸透のなかで、自己責任追及に走ることが多いのです。もちろん、その背後に学力テスト体制などで歪められた教育観や、教師の大変な多忙など、構造的な問題があることも見逃せません。

しかし、それでも、山形さんにはどんな相談をしても責められることはない。学校に直接関係ない生活相談でも、受け止め一緒に悩み考えてくれるのです。地域でも孤立することの多い家族にとって、このような生活上の対話のできる保健室は、駆け込み寺であるとともにオアシスにもなっています。信頼できる身近な人を発見した安心感を持たせてくれるのです。

子どもの心身の健康と生活を見る保健室

このオアシスになっている保健室は、そこで安心感を得た生徒たちにどんな意味を持つことになったのかを次に考えてみましょう。

山形さんの教育実践記録を読むと、どの生徒についてもその生活の様子がとてもリアルに記述されているのに感心します。そこでは、彼女が子どもの生活に意識的に目を注いでいるうえに、生徒の方もグチやため息とともに自らを語り伝えています。山形さんは生徒に「身体は食べたものでできている」とよく言っていますが、バランスのある栄養摂取を説いて終わりではありません。毎日の生活のなかで何をどのように食べているのか、睡眠は大丈夫か、生活上のストレスは何か、などをつかもうとしています。その際、彼女が子どもの生活状況をつかむということに丁寧であることと、そのつかみ方が、「生活主体としての子どもを見る」という問題意識でつながっていることも見落せません。生活はその子が生きる現実そのものです。子どもが通学鞄に入れてくるのは学習用具だけではありません。日々の心配事や喜怒哀楽の生活感情、さらには親の思いも背負って登校しています。その重い荷をいったん降ろしてひと息つけるところとして保健室が選ばれているのです。

そこに見るように、子どもたちが保健室で安心感を育んでいるからこそ、子どもたちの心身の健康と生活を軌道に乗せることができます。そこに、生徒たちにとっての意味というか、保健室の真の役割があります。

多くの場合、学校で生徒指導などの相談に乗っていると、子どもの学校での姿だけを切り取って対応するので精一杯という状況も見てきました。しかし、その子の成長と自己変革を支えようとするなら、その子自身が自分の生活の改革に取り組むような援助が必要であって、生活のなかでその子を見るという観点が重要になってきます。例えば、その子がふと漏らすグチから見える細々とした生活の事実から、その子の暮らしぶりをつかまえる姿勢です。それができれば、まわりの環境条件にその子がどのような気持ちで、どのように対応しているのかが見えてきます。

「生きる」ということは、生活環境条件に働きかけ、また働きかけ返される日常の出来事でもあります。私は、教育現場ではよく使われる「生育歴」という言葉を使わず、「生活史」という言葉にこだわってきたのですが、それは、その子の生活行動のなかでその子自身のありようを捉える、その子の生きてきた生活からその子がつくってきたその子の歴史を考えたいと思ったからでした。

生活への着目について、日本福祉大学の岸本晴雄教授はそれを「あらゆる問題の基層をなしているような次元、問題の生成と消滅が繰り返されているような生動的次元としての〈生活〉」と言い、生活への関心は、「錯綜《さくそう》する問題状況とその深刻さが、人びとの目を、このいわば『草の根』へ向けさせているのではないか」と述べています。(1)

これは、つまるところ、子どもの生活理解なしに「子ども理解」もありえないということです。心身の健康と生活理解の重要性を考えるからこそ、リアルに生活状況を語り、赤裸々に生活感情を伝えられる生徒との関係を作り上げる――だからこそ、この山形さんの努力を貴重だと思うのです。

生きる土台としての生活力

では、このように生徒の生活状況と保健室の役割をつかんだとして、それを山形さんがどう理解し、何をめざそうとしているのか。

これまで、一般的には「貧困」と言えば「家計」、つまり、経済状態に限定するような理解が多かったと思います。しかし、山形さんはその経済状況にまとわりついたさまざまな文化状況も視野に入れています。言い換えると、その子の生活の総体を把握しようとするのです。するとと必然的に、そこからは、日々の生活のなかでその生徒がどのような価値選択をしているか、が問題として浮上してきます。

そのことを一番表しているのは、実践記録のなかにある、山形さんの「大事」とサヤカさんの「大事」が違うというエピソードです。この実践記録は第2章の九二ページで紹介していますが、サヤカさんが「大事」と思っているものは、化粧品や色とりどりのカツラなどで、山形さんが「大事」ととらえているのは、アパートの契約書や病院の診察券などでした。この生活的価値の落差があるわけですが、山形さんはこの「ズレ」にうちひしがれながらも、サヤカさんを外食に連れ出し、食事をしながら会話を交わします。そこでは、お互いの「存在の大事さ」が共有されていくことになりました。これを土台にしながら山形さんは考え続け、この落差がどのように生まれてくるのかという考察を深めていきます。そのようにして生徒の「生活力」こそが問題の焦点になるのです。

いまここで、自分の生活を高めたいという意欲と、そのための技量をあわせて生活力と呼びますが、山形さんにおいて、生活力を豊かに育むための粘り強い実践が展開されるのは、このような考察の原点があるからだと思います。生活力は単位取得の「学力」だけの問題ではないのです。

ですから山形さんは、子どもたちへの支援を学校の外へと横に拡張し、生活の内部へとタテにも深めています。この生活力が伸長していけば、自分の生活が変革の対象になり、自己の生活を規定している社会状況と向き合わざるを得なくなるのではないでしょうか。

そこでは社会認識が問題になり、「民主的な国家及び社会の形成者」（「教育基本法」第一条）、つまり、社会形成の主体に成長していく道とつながっていきます。また、自分の生活が変革対象になるということは、それとの格闘を通して生活的価値が自己吟味されることにもなります。それは人格形成そのものにつながります。こうして、社会改革と人格形成は一つのこととなる――ここに山形さんのめざす目標があると言えます。

保健室の位置づけの変化

このようなドラマの舞台になり得る保健室ですが、しかし学校の一部です。ハードの面ではその部屋をどこに配置するかにも様々な配慮がなされます。保健室が占拠されるような荒れた中学校では、管理の観点から職員室の隣に配置するようなこともありました（今なら保健室登校の生徒の受け入れを考えて、全体生徒の主要動線から外れる配置が考えられる場合もあります）。

とは言え、このような部屋の配置は様々に工夫できることですが、工夫の観点で第一にならなければならないのは、利用する子どもの身になって考えることです。保健室での実践は〝ケア〟が基本です。だから、「子どもの身になって考える」という観点に接近しやすいのです。

しかし、この観点は、保健室に限らず、本来は学校の教育活動全体を通して貫かれるべきものです。

ところが、残念なことに、そこに困難な現実があるのです。そのことで、保健室の貴重さが浮かび上がってくるのは皮肉ですが、そのことが、この保健室を希望に変えていくという意欲を生み出すことにもなるのです。

とは言え、学校では、「保健室で甘やかすから学校の秩序が乱れる」「養護教諭の役割は来室生徒を早く教室に返すこと」などという言説が、珍しいことでなく流布しているのが現実です。

だから、山形さんの実践はこのような現実とぶつかることになります。そこでの格闘は、多くの学校が当然視している規律や秩序を重視する教育活動の在り方を厳しく問い直すことになるでしょう。そして、それは生徒のニーズに応える保健室づくりを通して子どものための学校を再構築する道に続いていくことになります。

もともと、養護教諭は「スクールナース」から出発し、子どもの状況に応答することを通して「児童の養護をつかさどる」(「学校教育法」第三七条の12）職能を確立し、今もなおそれを深め続けているものです。

時代をさかのぼって見てみれば、野戦病院のナースは、傷ついた兵士を戦力として一日も早く戦場に復帰させることを要請されたでしょう。しかも、倒れた兵士の身になって、戦争そのものに疑問を投げかけることは難しいことだったに違いありません。

しかし、そうした時代を乗り越えて、いま、山形さんらの多くの努力で、保健室は「よい子・できる子・がんばる子競争」に同調できずに息切れした子どもの居場所になってきているだけに、そうした子らに「一時的な避難所」を提供して、元のレースに復帰を促す「野戦病院」の役割しか果たさないというのでは、本末転倒です。

学校での歪んだ学力競争の枠外にはじき出され、人生を否定されたように受け取ってしまっている生徒に対して、その社会状況そのもののおかしさを指摘できなければ、生徒たちの側に立ちきれないことになるでしょう。

これからの保健室は絶望の淵から自分を救いだし、誰にとってもかけがえのない人生をつくっていく主体に育てる場所にしなければなりません。保健室はそのような人間の主体形成実践の基点になりうるのです。

傷ついた生徒にとっての保健室の役割
——学校で〝ケア〟と出会う——

傷ついた子が保健室へ足を向ける原因を生んだ、元の教室で起きていることは何でしょうか。そこでは、学力テスト体制下、点数競争が激化しています。それに加えて、「敵対的な競争による管理ができない教師」は排除するという大きな力学も働いています。競争と排除が進むと、効率的に点数を取る点数至上主義が幅をきかせます。そのような学校では、一人ひとりの生活論理や生活感情を消し去る圧力が増し、学習は本来の生きることそのものにつながる学びだとは感じられなくなってしまいます。

けれども、本来は学習者の生活実感やその子なりの論理にかみ合う学習こそが、本当の学びであるはずです。であるなら、子どもが自己の主体を回復するという課題は、教室での学習において最も重視されなければならないものでしょう。

ですから、「保健室から創る希望」は、子どもの側に立って学校と教育の問題を考えなければ生まれません。これは子どもを主体にした学校と教育改革を考えるということになります。

山形さんの保健室では子どもをその生活のなかで把握しようとしました。生活は生きることそのものであり、生活丸ごとの子どもを把握することは、その子の成長・発達を考えるうえで根底的な問題です。

山形さんは、「食事・睡眠・運動・遊び・勉強・労働（手伝い）といった日課が、安心できる人間関係の応答のなかで繰り返されることが、幼少期から思春期にかけての発達において、ことに思春期後期、未来に向かう意志を支える上でとても重要である」（本書九一ページ）と指摘しています。すなわち、基本的な生活行動が、安心できる人間関係のなかで続けられてこそ、主体的な意思形成が進むのだというのです。

しかし、一方で現実は「親の離婚や死、病気や深夜におよぶ長時間労働、あるいは虐待などで、幼児期・学童期の愛着欲求を十分満たされずに大きくなる子どもが増えていると感じてい」るとも、山形さんは見ています（本書二二一ページ）。

「幼児・学童期の愛着形成不全に端を発する『見捨てられ不安』に対して、高校でできることは多くはありません。迫りくる出口では、就職難・派遣切りなどのニュースが、『社会からも見捨てられる』と追い打ちをかけてい」ると山形さんは言います。そして「彼らが不安とたたかう時間を共に過ごしたいと思います。心もとなさげな背中に手を当てて『見捨てないよ』の熱を伝えたい」と励まします（本書二二五ページ）。

生徒が「保健室は落ち着く」というのは、その思いが伝わり、「いつか見捨てられるんじゃないか」「社会からも見捨てられるんじゃないか」という、不安とたたかう時間を共有する保健室になっているからでしょう。

「きょうの続きの明日なんて要らない」（本書一〇四ページ）と生徒が言うのは、否定したくなる生活の現実に取りまかれていては、「今の生活が未来へ延びていくイメージが持て」ないということです（本書九一ページ）。

どのように自分の生活と自分を肯定できるのか――その実例を山形さんはりなさんという子のなかに見ました（本書二五～二八ページ）。りなさんが父の違う弟に対して母と家族を語る言葉を聞き逃していません。弟はその時小学生でしたが、クラスメートに父親が違うことを囃《はや》し立てられて、「うちは恥ずかしい家なの？」と聞いてきたことへの返事です。

「恥ずかしくないよ。一人で産んで育てるのはすっごく大変なんだ。でもママはあたしたちを産んでくれたし、めっちゃ働いてがんばってんじゃん。あたしたちが何不自由なく暮らせているのはママのお陰なんだから、胸張っていいんだよ！」というものです。そう話しているりなさんを、「消せない過去や埋めきれない寂しさを抱えて、迷いながら、揺れながら、母の生き方を肯定することで、自分の存在を肯定しようとする気持ちが、少しずつ生まれてきている」と見ています。

このように、迷うことや揺れる生徒たちを否定せずに受けとめる山形さんは、自己存在の肯定には、そうした生きる過程のリアリズムに寄り添ってもらえる経験が必要だと考えているのです。

まさに山形さんの真骨頂と言えるでしょう。

「彼らがこれから乗り出して行く外海は、大波の連続です。どんな波も乗り越えられる力をつけて旅立ってほしいと願いますが、対症療法的な知識や技術では乗り越えられない波がくることも、一人ぼっちの心細い足元をさざ波にすくわれることもあるでしょう。それでも何度でも漕《こ》ぎ出そうとする意思を、学校は支える場所でありたいと思うのです」（本書三六ページ）と。

ここには、保健室から学校を変えていこうという養護教諭としての山形さんの願いがしっかり表明されています。これは教え子の子どもたちが生きる未来に「子どもの権利条約が真に生きる学校を、手渡していく」という決意につながっていきます（本書三二ページ）。

高校（中退・卒業）後も仲間として生きる

山形さんの実践が、生徒在学中の保健室に止まっていないことは何度か触れました。そこでは、保健室で出会った生徒の「高校（中退・卒業）後」にも、同時代を生きる一人の仲間としてかかわりながら生きる姿がありました。

例えば、非正規、不安定就労にあえいでいる高校（中退・卒業）後の若者の不安にＬＩＮＥで応答もしています。そのような関係を保健室で出会った時から紡いでいること自体が実践の実りであるでしょう。

ある学会のシンポジウムで山形さんは三人の事例を語ったことがあります。[2] Ａちゃん（派遣、工場勤務、子ども一人）、Ｂちゃん（パート、飲食店勤務、子ども一人）、Ｃちゃん（コンビニバイト、夫、子ども一人）の三人。彼女らはおそらく高校在学中は、学校規範や学級秩序からはみ出す形で保健室に足を向けたのでしょう。そこで、山形さんが教育実践として「居場所としての保健室」を創っていたからに違いありません。私・福井はその時のコメントで少しユーモアをまじえて「養護教諭の仮面をかぶった若者支援」と表現したのですが、その山形さんの取り組みは、底辺を生きる若者からのＳＯＳの受け皿になる関係を高校保健室から形成しているのであり、それを生かしての若者への生活支援だと述べました。そこでは、若者のリアルな生活実感が身体性と一体になってとらえられていたし、それが山形さんに対する彼女らの信頼の基礎にあるのだと思ったからでした。

それは、紹介された若者とのそうした人間的信頼をベースにしながら、困難を抱えた若者が社会生活のなかで試行錯誤を含みつつ育っていくのに伴走している山形さんの姿でもあったのでしょう。

ですから、山形さんの報告では「高校（中退・卒業）後」の若者に届く支援が、社会的な課題であることを強く感じさせてくれました。この教育実践は、そこに挑戦する開拓的な取り組みと位置づけることができます。

子ども・若者支援の社会的連携をつくる

ところで、このシンポジウムでの山形さんの報告のなかで指摘されたことですが、一〇代を含めた若い女性の自殺増加などについては、政府も「追い込まれた死」として「社会的な要因」を認めています。そして、「総合的な政策の連携」の必要性も指摘しています(3)。彼女のシンポジウム報告を聞いて、この政府の「自殺対策」に止まってはいけない、子ども・若者支援のための「総合的な政策の連携」を広く社会的な声にしなくてはならないと感じました。そこから、必要としている人に支援を届け、繋ぐことができる専門職の在り方と力量を考えることも、臨床教育学の重要な課題であるとも思いました。

報告は、そのための手がかりを示す内容のあるものであったと思います。山形さんの報告を聞いて、学校の福祉的機能や社会的機能をとらえ直すことの大切さとともに、そこで働く専門職が子どもの信頼を得る実践とその専門力量が求められていることについても考えることができました。

また、子ども・若者の生活を通して社会をとらえる視野が必要であることを改めて思いました。それは、私にとっては、「子どものなかに社会を見る」という生活綴方教育の重要な提起を再確認することでもありました。

第4章第一節での注

1　岸本晴雄「生活と経験」、岸本晴雄、津田雅夫『現代人間論への視座――文化・生活・意味――』法律文化社、一九九三年、一〇二ページ。

2　北海道臨床教育学会研究大会（二〇二一年）。

3　平成二九年七月二五日閣議決定「自殺総合対策大綱――誰も自殺に追い込まれることのない社会の実現を目指して」。

第二節　保健室から始まる伴走型支援

それでは福井先生からバトンを継いで、私・山形が子どもたちへの支援がどうあるべきかを考え、その考え方をどう積み上げてきたかをお話ししたいと思います。

保健室で出会った生徒・元生徒に私がおこなってきた支援は、基本的には保健室を居場所として提供することと日常生活におけるそのニーズに応えることだったと言えます。保健室を居場所として提供することは、部屋を開放すればよいというようなものではありません。生きる主体としての生徒の声を深く聴き、彼らの安心・安全を脅かすものと向き合わなくてはならないからです。

また居場所に居る大人（私のことです）としては、思春期・青年期の生きることへの不安や人間に対する不信を受けとめ溶解させる存在であることが求められました。居場所に必要なものは、安全・安心の時空間と信頼できる人間の存在なのですから。それは当然ながら、学校に支配的な管理的風潮との対抗になることが多かったと思います。加えて、日常生活上の生徒のニーズは、まさに貧困と格差に根ざすものが多く、それを彼女ら・彼らの自己責任としない立場に立つことが必要でした。

このように感じてきた保健室での取り組みを振り返り、保健室と養護教諭に求められるものについて考えてみたいと思います。

困難を抱える生徒は保健室にためらいや戸惑いを帯びながらやって来ます。だから、大丈夫だろうかと偵察してなかなか自分を解放できていません。社会や企業が必要とする人材を養成すること＝「人材養成追求モデル」が求められる学校が、以前からすべてだと言ってよいほどですから、保健室でも何か要求されるのではないかと警戒しているのです。このように考えているだけに私は、保健室は「無目的空間」であるべきだと判断して、そこでの応答も無目的にしていこうと意識していました。徹底的に（こちら側の）目的を排除するということです。そうすれば、相手の主体が立ち上がるというイメージです。

そのためには時間的に区切ることも避けなければなりません。そうすると、無目的で時間無制限の保健室のなかでの、応答の質として一番大事なことは、善悪の判断をしないということになります。それはどういうことかと言うと、たとえ「どうしたい？」と、一見相手の意思を尊重するかのように聞いても、すでにそのなかに期待したい答えがあることに、傷ついてやってきた生徒は察知している。教師には下心があると見抜いているのです。だから、生徒は教師や支援者に対する忖度《そんたく》を優先し、本当の思いを隠して「がんばる」と言ってしまう、言わされてしまうのです。

そうなると、これは生徒に対する影響だけには止まりません。教師の側もそれを聞いて安心したり、安心した振りで流していくことになりかねないのです。そこには本当の対話がありません。アメリカ教育哲学会会長などを歴任したネル・ノディングス（一九二九～二〇二二年）はこう言っています。

「対話とは、理解、共感、あるいは感謝を共に探求することである。それは遊び心を持つものであったり、真面目なものであったりする。論理的であったり想像的であったりする。また、目標志向であったりプロセス志向であったりする。しかし対話とは常に、最初ははっきりしないものを真に探求することである[1]」

ですから、私は生徒たちに寄り添うということを「伴走する」と言っているのですが、保健室での伴走は、養護教諭と生徒が本当の思いが出しあえるような人間的信頼のある関係を形成する努力から始まると考えています。本当の対話はそこにつながる。学校批判や大人不信を身につけた生徒に対し、学校内の大人である私は、養護教諭であるといえども警戒の対象であるに違いありません。そう意識するところから伴走の一歩を踏み出すのです。

私はそうした生徒の警戒心には十分根拠があると認識しています。「人材養成追求モデル」の学校には、子どもを生涯発達・成長の主体と見てその主体形成を支える、という視点が欠落していると感じることがしばしばでした。

これには、既成の学校的価値の縛りが強くて、それへの統制を自分のミッションのように感じてしまっている教師の問題もあるでしょう。

「人が育ち合う」ためには、北海道大学の宮崎隆志名誉教授が言うように、「異質な他者に出会い、自己の限界を知り、その他者とともに新たな世界を探究するという態度、いわば矛盾を受けとめ問い続けることが要請されている(2)」るのに、そもそもその異質性を排除する方向に動いてしまうのです。

私は生徒との関係で、相互変容を考え、生徒とともに問題を見すえ問い続けるための伴走を願っています。

だから、ネル・ノディングスが「教師からの特別な贈り物は、生徒を受け容れ、生徒とともに題材を眺めることである。教師の関与は、ケアされるひとである生徒に対する関与であり——そのような関与によって——生徒は、自分の正当な考えを行動に移せるように解放されるのである(3)」と言うように、生徒が解放されなければならないのです。

保健室での伴走は、学校の既存秩序優先の風圧に抗して、生徒の主体の尊重を基盤としながら、生徒の声を深く聴くところから始まります。学校と社会のオカシサへの認識を踏まえることで、生徒・元生徒への理解の質は変わると考えています。

「支援する者」「支援される者」という関係を越えて、ともに歩む共同関係への展望と、その仕事の社会的拡張について考える時、それは学校の現状を批判的に検討し、「生徒の困難にともに向き合う伴走型支援を考える学校」をどう創るかについて考えることだと思います。もちろん、一方で課題解決型のアプローチも必要になるでしょう。しかし、その「解決すべき問題」は伴走のなかでよりはっきりと見えてくるものだと、確信しています。

第三節　生活の困難に向き合い伴走する支援

困難な生徒の状況を見て、私はこう書いたことがあります（本書一〇三〜一〇四ページでも一部は紹介されています）。

「一人の生徒、一つの家庭を幾重もの困難が取り巻いているケースに出会ってきたなかで、私が特に重要だと感じているのが人とのつながり、コミュニティの側面である。貧困状態での孤立、あるいは関係性の貧困といったことが『貧困問題』における事態の深刻さをよりいっそう深めていると感じる」一方で、「この側面にこそ、問題を解決していく希望の灯が立ち現れているのではないかと思う(4)」

このことは、「助けて」という相手もないまま立ちすくんでいるように見える生徒に、何人も出会ってきたなかで考えてきたことです。そして、私は生徒が「助けて」を発信できる相手になりたいと願ってきました。そういう思いも持って、小さな「生活上の世話役活動」や「御用聞き」のような支援を続けてきたのです。

布団の洗濯がしたいと聞けば、車を出してコインランドリーに運び、一緒におしゃべりをして待つ。真冬に「留守にするのでトイレの水を落としたい」と言ってくれば、コンビニでウインドウオッシャー液を買って凍結道路を運転していく。挙げれば切りがないような細々とした生活支援に時間もエネルギーも使ってきました。

その実りは、「本音で話しても大丈夫だ」という信頼の絆であったと思います。私が「御用聞き」をした具体的な支援内容は、ほとんど福祉領域の守備範囲だと言えるでしょう。

しかしそれは、安心して依存できる絆を紡《つむ》ぎ、本人が主体的に歩き出すのを支援することになったと思います。保健室は学校におけるこのような福祉と教育の結合の拠点として位置付く可能性を持っているのです。

このような支援活動のなかで、支援者としての私は何を得ただろうかと自問します。それは何よりも、私の生徒理解の質的転換であり深化であって、そのことを通して教育や学校本来の姿を考える視点を磨き得たのです。そのなかには、「生活と教育」について考察する視点も含まれています。

今から一三〇年以上前に、学校が「子どもの生活」を問題にしないことを厳しく批判したアメリカの教育・哲学者ジョン・デューイ（一八五九～一九五二年）の言葉にもリアルな響きを感じます。一八九九年に刊行された『学校と社会』のなかでは、旧教育の先にあるものを展望し、「子どもが太陽となり、その周囲を教育の諸々《もろもろ》のいとなみが回転する。子どもが中心であり、その中心のまわりに諸々のいとなみが組織される」と言い、「われわれの教育に到来しつつある変革は、重力の中心の移動である。それはコペルニクスによって天体の中心が地球から太陽に移されたときと同様の変革であり革命である」と宣言しました[5]。

デューイによって旧教育は、「子どもたちの態度を受動的にすること、子どもたちを機械的に集団化すること、カリキュラムと教育方法が画一的であること」が明らかにされ、「旧教育は、これを要約すれば、重力の中心が子どもたち以外にあるという一言につきる」と批判されたのでした。

子どもの生活を中心に考える学校の実現は、今なおそれを阻むものとの対抗のなかにありますが、デューイのこれらの言葉は本当の子どもの利益を考える立場からの学校批判に確かな視点を提供し続けていると思います。

上野正道上智大学教授が次のように評価していますが、私も同感です。

「デューイのなかで、子どもの『生活』とされているのは、『ライフ（life）』や『リビング（living）』の訳であるが、言い換えるとそれは『生命』であり、『生き方』であり、『生』そのもののことである。『生活をする場』としての学校は、教師と子どもたちがともに生きる場であり、またつねに豊かな学びがあらわれ、生成する場であることを意味している」

「生きることと学ぶことを基本とする、デューイの民主主義と教育の哲学もここから生まれてくる(6)」

第四節　保健室で「出会う」ことの教育的意味

身体の声を聴く――「心地いい」という感覚

「子どもの生活を中心に考える学校」〝子どもの「生活」そのものの場としての学校〟を目指すと、保健室からは何が見えてくるのでしょうか？

「保健室での問診や観察からは『眠れていない』『食べられていない』子が多く見つかる。アサミやマミは実際に食べる物がないこともたびたびあって、それを訴えもした。ハルナはいつ家族が怒り出すかわからないという安心感のない中での食事であったし、トシキは食材や技術があっても食べる気力がなく、マホ・カホ姉妹のお弁当はご飯の上に冷凍ハンバーグが三枚だけ載ったものだった。そして、『眠ろうと思って布団に入っても二時間も三時間も（時には朝まで）眠れない』『途中で何度も目が覚める』などの睡眠の問題は全員が抱えていた。幼少期から安心がぐらつく足場の悪さが、自律神経系の発達を阻害していることがうかがえた。体温が安定しない、暑いのに寒いと感じる（あるいはその逆）、突然の嘔吐《おうと》や激しい動悸《どうき》、手足の感覚異常（ムズムズする、しびれる）など自律神経の乱れを疑う症状が次から次と出てくる。

本来、動物にとって『心地いい』感覚であるはずの食・睡眠がそのような体験になっておらず、自身の身体の内部に『心地いい』感覚を探り当てることがむずかしくなってしまっている子どもたちが、他から与えられる『心地よさ』とは似て非なる『快』に依存するほかなく、性的な刺激にのめり込んでいくことが多いのではないか、そして、そのことがまた新たな困難を引き寄せてしまっていると思われてならない(7)」

これは私の「実践記録」で述べていることですが、このような身体の感覚も生活のなかで作られています。ここから導き出されるものを、私は次のことだととらえています――〝身体の声を聴き、生活を見る〟。それが保健室の仕事の基本に据えられるべきだと。

生活支援のパイプが信頼を太くする

生きる、とは日常においては生活することですから、生活支援は生きることへの支援ということになります。「日常生活支援」という言葉だけを聞くと、ちょっとした生活の手助けとか世話役活動をイメージしがちです。もちろんそれも含まれますが、困難を抱えた若者への私の支援活動は、ふと寂しさを感じた彼女ら・彼らから昼夜を問わず突然届くＬＩＮＥやメールを受け止め、応答し、心配な時には電話で声を聞く、軽く食事に誘って一緒に食べるというようなことの連続なのです。しかし、それが大きな意味を持っていたと、振り返って思わずにはいられません。

そうしたことが生徒たちのニーズであるからこそ、それに自然体で応えていたわけです。いわば、そのような応答的存在であることが、意味のある支援になっていたと思います。

そのような生徒・若者たちは、これまでの育ちのなかで「傷つき体験」を累積させ、人間不信を太らせてきています。それだからこそ、保健室で出会うことによって、「私には信じられる人がこの世界にいる」と思えるようになってほしいと願うのです。

それは何も「劇的な出会い」というようなものではありません。サヤカがインタビューのなかで、「一緒にいて楽しかった」と言うので、何が楽しかったのかを問い返したら、彼女は「こやって普通になんていうかくだらない……」「何気なくね。そう一緒にご飯食べたりね」「にこにこしてるねいつも」と、答えてくれました。

私はこのような応答によって、安心できる何気ない日常が続いていくことの意味を再認識させられたのです。それは、サヤカの人間不信の壁を越えてこそ訪れる平和な日常だとも、強く思います。

信じられる人との出会い

生徒の発する人間不信のオーラの基層には、「信じられる人とつながりたい」という素直な表現はできないけれども、その切実な願いが、深く分厚く堆積《たいせき》していると、私は感じてきました。それこそが本当のニーズなのだと考えます。

これは、生活上のいわば機能的なニーズと言うよりも、細々としたニーズを表出することを通して、応答してくれる「人間」を求めていたと言えるのではないでしょうか。

その「人間」を求めて保健室を訪れたのではないのか。ともかく、彼女らにとって「保健室は自分を傷つける場所ではない」と、まず感じられることが必要だったのではないか。競争と否定的評価と排除――自分を苦しめてきたどこにでもあるのが当たり前のその空気――がないだけでなく、そこにいる養護教諭がそういうものを批判したたかっているということが分かれば、「自分を苦しめてきたものとたたかっている人は信じられる味方だ」というようになるのではないでしょうか。

これまでなら人を頼っては無視されたり裏切られたりしてきたわけですが、この養護教諭は、自分のたとえ不器用な頼り方でも受け止め応えてくれる。その不器用な依存は、傷ついた若者が無意識のうちに私の本気度を試す試金石にもなっていたのだと思います。

「信じられる人とつながりたい」というのが本当のニーズだと述べましたが、問題はそのニーズが深いところに沈潜伏流《ちんせんふくりゅう》していて、容易に現出しないということにあります。その願いが幾層もの砂礫《されき》の間を抜けて、ためらいながらも滲《にじ》み出てくるのは、人間不信の固い岩盤に希望の水が滲み出る裂け目を入れるような、実践の努力に意味があったのではないかと、振り返って強く思っています。

信じられる人間を確認することから自立への歩みが始まるという時、その若者の一歩一歩は、常に前向きばかりではないでしょう。いつも同じ歩調でもない。けれど私は、そのことを理解して、彼女らに負荷をかけず見放しもしないで伴走したいと思います。

「あなたを心配している」というメッセージを届けたい

「二年前、マミの保護が検討されたケース会議を思い出す。『本人（ここでは実質的には、子どもでなく、親ということですが）の意志が最優先で尊重されるので保護できない』という児相（児童相談所）の方針に、私も含めた出席者全員が苛立ち、親権の強さの前には、『見守る』という不確かで、弱々しくて、まったく実効性のない方策以外、為《な》す術《すべ》がないことに落胆した。母親の保護能力の無さ、本人（ここの本人は子ども）の判断力の未熟さ、危険因子がどんどん入り込んでくる家庭環境……マミの将来に明るい展望を見いだすことがどうしても出来なかった。

あの時、マミを保護することができていたら……と考える。生活習慣や薬物や異性関係に起因するリスクは減っただろう。しかし、家庭からも、地域からも、切り離されてマミ自身が自分の自立にのみ専念する環境下になかったことで、母に寄り添い生きようとする大人びたまなざしに変わっていったから、その選択がなかったら、そんなマミに出会うことはなかったかもしれないとも思う」

そして、第2章第三節（一〇五〜一〇六ページ）で、福井先生がマミについてのエピソードを紹介していますが、「真冬でも真っ赤に凍えた素足で登校してくるマミに、毎日のように『冷えのリスク』についてのお説教と『心配のまなざし』を浴びせ続けた。ある日、『先生、タイツはいてきたよ』と、わざわざ保健室まで見せに来たどこか誇らしげな表情に、これからも困難は続くだろうマミの暮らしに寄り添い続ける勇気をもらった気がした」(8)

このように「あなたを心配している」というメッセージを届け続けることが、子どもの閉ざされた心の扉を開き、そこから生まれる子どもたちの明るい表情が、私たち支援者を励ましてくれるのです。

第五節　教育と福祉が出会うところ

身体から出発する

福井先生が第2章第三節（一〇二ページ）で、私の「実践記録」を引いて紹介してくれていますが、私は、「保健室は子どもの身体の状態が見える場所だ。身体は生活のなかでつくられる。だから、身体の訴えにていねいに耳を傾ければ、おのずと生活が見えてくる、保健室はそんな場所だ」(9)と考えてきました。それはまちがいなく養護教諭の仕事の特質ですが、しかし、その「からだ」すら外側から規定される現実があります。「その体調不良は大したことない。早く教室に戻れ」などという大きな声が保健室に響く時もあるのですから。

子どもの側に立とうとすれば、このような「学校の暴力性」に対抗しなければならなくなります。しかし、保健室の内側でも、この暴力性を内面化している養護教諭も残念ながらいらっしゃいます。ですから、来室した生徒の身体の声を聴き、外在的な圧力にゆがめられずに受け止める――養護教諭にはこの専門性の自覚に根ざした判断を貫く強さが求められていると感じます。

からだから出発して、その子の生活を見る、そして発達上の課題をつかむ。そのことが第一です。

その上で子どものケアを考える時、まずは学校での連携を模索することになります。これまでも述べてきたように、ここに厚い壁があり、困難を感じることが多いのも事実です。先に紹介したネル・ノディングスも今日の学校状況があまりに絶望的だと指摘し、どのように改革すべきかについて論じています。

「今日の学校の状況はあまりに絶望的なので、良識ある人たちなら、本書で論じているような方向での改革を考慮する準備ができているのではないだろうか。伝統的な構造を完全に覆さなくてもできることはいくつかある。……まず第一に、学校が家庭のように多目的組織であることを理解しなければならない。言ってみれば、子どもの食と住に家庭の責任を絞れる以上に、学校が学問的目的だけに目的を絞るということはできない。一つの目的という見方は、道徳的に間違っているだけでなく、実践的にも技術的にも間違っている。なぜなら学校が、生徒の継続性とケアへの基本的なニーズを満たさずに、学問的目的を達成することができないからである(10)」

さらにこの問題の延長線上には、困難を抱えた生徒や、学校そのものから撤退していく若者の学習権を、社会的に保障していくという問題があります。

このように考えると、学校の目的や社会的意義を、子どもの成長・発達を保障する観点でとらえ直す必要があると思うのです。保健室から子どものニーズに応えようとする実践的な挑戦は、このような立場で学校を変える努力につながります。それは、宮崎名誉教授が述べた「にじみ出すかのように現れた困難や生きづらさを、敏感に読み取り、協働的な問題解決に結びつけていく社会的な援助(11)」という意味を持つだろうと思います。

生活こそ子どもの成長の基盤

保健室から始める伴走型支援が、子どもの生活に関わることは繰り返し述べてきました。生活こそが子どもの成長・発達の基盤なのですから、生活の現実から遊離した学校教育の在り方を見直すのは、これも先に紹介したジョン・デューイの指摘以来の課題です。この課題はわかっていながらも、同時に変革の困難さも実感してきたものでした。

保健室から高校（中退・卒業）後も若者への日常生活支援を続けてきて考えることは、先の宮崎名誉教授の提起するような「協働的な問題解決に結びつけていく社会的な援助」の構想と実践が切実に求められているということです。現代的貧困のなかの生徒たちへの伴走型実践の延長線上には、高校後の彼らへの「社会的な援助の貧困」を克服する努力が続けられなければならないと思うのです。

そういう点で、教育と福祉を学校教育の実践上で結合することと、伴走型支援を接合する努力が必要になります。このことのより意識的な実践的努力は私にとって引き続く課題です。

その課題についての高橋正教至学館大学教授の言及は重要な指摘だと思います。

「社会的に困難を抱える人々の学習する権利の保障の問題を教育福祉問題として問うこ

とは、国民の学習権保障にとって積極的な有効性をもちうる。教育を受ける権利（教育に対する権利、教育請求・要求権）の保障の問題としての教育福祉の問題は、学習権の条件整備保障および内容保障、学校でいえば就学権と修学権の保障の問題である。それは、すぐれて学習する人々の学習意欲や人間形成に直結する問題であり、人生を方向づける生活のあらゆる問題につながる[12]」

このような教育福祉研究の提起にも学びながら追究していきたいと考えています。

保健室から学校への拡張

保健室から始まる伴走型支援は、まずは学校内で認知されていく必要があると思います。これは、保健室の努力を認めてほしいということではありません。子どもの現実が伴走型支援を必要としているという認識、つまるところ「子ども理解」が深まる必要があるということを言いたいのです。

それは、「一人の人格をケアするとは、最も深い意味で、その人が成長すること、自己実現することをたすけることである[13]」という「ケアの本質」に立脚しています。学校は子どもの人格をケアし、その子が成長し自己実現することを助けるところだ、という見方を否定する教師はいないでしょう。
しかし、この努力のためには、「教育におけるケアリングは、強い信頼関係をその土台部分に必要とするという意味で、一時的なケアリングの出会いとは異なる。そのような関係の育成には時間がかかり、継続性が必要となる」[14]というノディングスの指摘を踏まえる必要があるのです。
この認識に立って養護教諭は何をすべきでしょうか。田中康雄医師は、養護教諭は「生活の支援者でありながら学校社会の一員」として子どもに関わると言い、三つの役割を挙げています。

「i．それぞれの立場で、子ども（と親）の権利を守る視点をもったアドボケーター（代弁者）　ii．それぞれの立場で、状況を調整して纏める生活の視点を持ったコーディネーター　iii．一定の枠組みを策定して、包括的な管理を創造する影の校長的視点としてのケアマネージャー[15]」

これらは保健室登校をめぐる論稿のなかで、「養護教諭は総合コンサルタント」だとして述べられたものです。困難を抱えた子どもに近い立場で、その子の権利実現のために養護教諭に要請される内容の提起ですが、これは、養護教諭の職務や専門性の拡張の今日における新たな段階の提示であると言えるでしょう。

保健室から高校（中退・卒業）後まで、生徒の生活からのニーズを把握しながら続けてきた私の関わり方を、この論稿では伴走型支援という概念をいれてその意味をとらえ直してきました。それは同時に現実の生徒・若者の姿から保健室や養護教諭に求められるものやその専門性を考えることでもありました。

子どもの困難に寄り添う保健室や養護教諭の実践は豊かに蓄積され、日々多彩に展開されていることは、保健サークルや教職員組合の研究会でも学んできましたがはっきり「伴走型」と銘打った実践はありませんでした。また、私がやっていることはほとんど福祉領域の実践と言えるかもしれません。ですからこれは、教育と福祉の結合の保健室における一つの新しい形だと考えたい。それ故に、研究としては臨床教育学として深めていきたいと考えています。都留文科大学の田中昌弥教授は臨床教育学の主要な側面を三つあげて、以下のように示しています。

「①人びとの『生活』について理解を深め、個別的な『生活史』に即して『生活感情』とその表現・語りを受けとめること、②それを通じて子ども・若者をはじめとした人びとを追い詰めている状況を批判的にとらえ、援助や教育の実践とそのためのさまざまな人びととの共同関係を創ること、③そこから、教師を含む発達援助専門職の専門性を問い直すこと[16]」

私・山形は自らの実践と実践研究をさらに深めようとするとき、田中教授の指摘するこの三つの側面に関連する必然性を考えるようにしていきたいと考えています。

第4章第二節～第五節での注

1　ネル・ノディングス著、佐藤学監訳『学校におけるケアの挑戦――もうひとつの教育を求めて』ゆみる出版、二〇〇七年。五六ページ。原著は一九九二年。

2　宮崎隆志「人が育ちあうコミュニティ――共同学童保育の現代的意義――」『協働の子育てと学童保育――共同学童保育で育つ札幌の子どもたち』かもがわ出版、二〇一〇年、一八一ページ。

3　ネル・ノディングス『ケアリング　倫理と道徳の教育――女性の観点から』晃洋書房、一九九七年、二七四ページ。

4　山形志保「貧困と孤立のなかで生きる子どもたちの育ちと暮らし――高校保健室で出会い寄り添う」、教育科学研究会編『講座　教育実践と教育学の再生　第1巻　子どもの生活世界と子ども理解』所収、かもがわ出版、二〇一三年、三四ページ。

5　デューイ『学校と社会』岩波書店、一九五七年、四四、四五ページ。

6　上野正道『ジョン・デューイ――民主主義と教育の哲学』岩波書店、二〇二二年。三九ページ。
7　注4に同じ。三三ページ。
8　注4に同じ。三七ページ。
9　注4に同じ。三一ページ。
10　注1に同じ。一二六ページ。
11　注2に同じ。一七六ページ。
12　高橋正教「教育福祉研究」、小川利夫・高橋正教編著『教育福祉論入門』所収、光生館、二〇〇一年、二二九ページ。
13　ミルトン・メイヤロフ『ケアの本質――生きることの意味』ゆみる出版、一九八七年、一三ページ。
14　注1に同じ。一二六ページ。
15　田中康雄「養護教諭は総合コンサルタント――保健室登校の意味を考える」『保健室』(第一九六号)二〇一八年六月号、八、一二ページ。
16　田中昌弥「学力と臨床教育学　自己と世界を再構成する『ストーリーの学力』」、教育科学研究会編『講座　教育実践と教育学の再生　別巻　戦後日本の教育と教育学』所収、かもがわ出版、二〇一四年、一五六ページ。

第六節　求められる教職観と学校改革の希望

（１）子どもに届く真実の言葉は、どのように紡ぎ出されるか
――山形さんの実践哲学――

山形志保さんと生徒たちとの応答は、この本でも見てきたように、そこには深い「対話」が成立していると感じます。言語表現を通してだけでなく、雰囲気・空気の共有の仕方、相互の存在の認知のあり方からも、お互いに通い合うものを感じとっていることがうかがえました。

これは、教師と生徒の間でなら自然に成立するというものではないでしょう。むしろ、今日支配的な「生徒―教師」関係への批判意識などを通して、つくられていったものだと言ってよいと、私・福井は思います。

公教育の危機のなかの教師と子ども

教師が子どもとどのような関係を形成していくのかは、それ自体が重要な教育実践の課題です。

なぜなら、夢が叶って教職に就いたという若い教師たちのなかで、子どもとの関係がもつれたことをきっかけに苦しみ、同僚からの支援も得られず、早期に退職する事例があとを絶たない現実があるからでもあります。子どもとの人間的な応答をベースに自分のやりたい教育実践を構想しても、それが現実には実践できず、逆に「させられる教育」（野田正彰京都大学教授、同名書は岩波書店）を押しつけられて絶望する教師たちさえいます。

このような困難を生み出したのは、この間の教育改革の結果でもあります。そのことを、法政大学の佐貫浩名誉教授は以下のように指摘しています。

「グローバル資本の競争戦略に適合した教育内容と教育価値を学校現場に強制する権力的かつ緻密な管理の仕組みが体系的に構築され」、「新自由主義教育改革は、日本の公教育をわずか十数年でドラスティックに改造した。そしてその改革こそが、最も深刻な公教育の危機を引き寄せることになったのである(1)」

そして佐貫さんは、いま求められる教育改革の欠かせない基本視点として次の二つをあげています[2]。

① 生存権保障の社会システムの実現と学校教育改革の結合。

② すべての子どもの成長と教育の過程を権利として保障する施策。

これは重要な指摘です。困難を抱えた子どもの現実は、子どもの生存権が保障されていないというべき状況ですから、目の前の子どもに寄り添って努力する教師にとっても、課題解決は学校教育の枠内で完結するようなものではなくなっています。一つ一つの問題を具体的に解決しようとするなら、学校・教師が、社会とつながるネットワークを持ち、それを活用しなければなりません。しかし、現状のままそれを個別の教師に求めるのは酷《こく》であることも理解できます。子どもの権利を保障し実現する教育と、それを可能にする社会をめざすには、個人にとどまらず様々な共同の努力がいるのです。

山形さんは、佐貫さんが指摘する二つの課題を重ねて自分の実践を生み出しているように思います。けれどもそれは、指摘を受けてということではなく、山形さんにおいては、日常生活を通して、自然な形で教育実践と社会活動を重層的に結合しているように見えます。そこで形成される生活認識が、苦難を強いる社会の構造的な問題を見すえた現実への批判を含むことになり、子どもへの信頼のメッセージとして伝わっているのだと思います。

生存権の実質的保障としての教育実践

「子どもがいのちに見える学校」を求める山形さんの教育実践思想の根底には、目の前のその子の生存権を徹底して保障するという思いがあります。そして、まずその子が生きていることを肯定し、その子の主体形成を願っての働きかけが工夫されています。教育実践の原初の姿は、本来そういうものであったのでしょう。

そもそも教育実践は、教師が自分という人間の行為として目の前の別人格の子どもに働きかけるものです。それだからこそ、教育実践の自由は教師の人間的な自由の保障なくしては実現できません。人間的な自由は自己の存在の在り方への洞察を伴うからです。

山形さんと生徒の間の応答は、人間的な信頼と共感を育んでいく実践そのものです。これに対し、教育をめぐる社会のシステムの現状は、排他的競争が強化され人間的な共感関係を阻害する方向で働いています。その動きに流されて社会的弱者を自己責任による敗者と見る見方に囚《とら》われるなら、その弱者に心を寄せることは困難でしょう。困難を抱えた子どもの生存権の保障には、その子が「死にたい」とつぶやくのではなく、生きる希望を回復し、「生きている」と実感できることを支える取り組みが必要だからです。

けれども、困難は重層化しているのが通例ですから、それに対する取り組みも多様につながらねばなりません。すでに述べたように、山形さんの実践努力の土台には、現下の支配的な流れに対する批判的な認識が据《す》わっています。

そのとらえ方を踏まえて、「人間的な共感をお互いが育み合うこと」を考えると、それはどういうものでしょうか。それを山形さんはどのように追求しているのでしょうか。具体的な事例で考えてみることにします（本書には以下で取り上げる「サヤカの物語」(3)〈八七〜一〇四ページ〉を収録しています。重複する部分がありますが、そこを私・福井がどのように読み取っているかという話になりますから、ご理解ください）。

「どんな報告が一番嬉しい？」――「サヤカの物語」のエピソードから

中退した元生徒のサヤカさんと山形さんの応答から見ましょう。

そこには、「どんな報告が一番嬉しい？」と尋ねるサヤカさんに、山形さんが「どんな報告でも嬉しい」と応じ、これにサヤカさんが重ねて「失敗の報告でも？」と問うエピソードがあります。

「山形先生は『どんな報告でも嬉しい』というが、本当だろうか。大人たちの中でも、とりわけ教師はダメなことを叱る。これまで出会った教師たちは、ワタシの『失敗』には厳しい目を注いで冷たく見ているばかりだった」。サヤカさんの最初の思いはこのような感じだったのではないでしょうか。

だから、失敗した報告でも「ほんとに大丈夫か」、というようなサヤカさんの思いになったのでしょう。

でも、山形先生は違う。「そんな志保ちゃんには喜んでほしい。絶対嫌われたくない」という思いも湧いたでしょう。そんなサヤカさんに、山形さんは以下のように話しました。

「悲しいことも苦しいことも、生きていればいろんな経験をするよ。たくさんの経験をして、たくさんの人に助けてもらったらいいよ。そのことが、みんなあなたの財産になる。どんな報告も財産が増えたよってことでしょ。だからどんな報告でも嬉しい」（本書八九ページ）と。

ここにあるのは、人間が生きていくことのリアリティを示しながら、何よりも生きていることを肯定し、サヤカさんの人生を肯定することを示すものです。そして、困った人を助け合う関係を形成することへの信頼を端的に表現したとも言えます。それはまた、そのような信頼でつながるコミュニティづくりへの希望も含んでいるのでした。

サヤカさんがこれを聞いて、「こんどは不思議な顔じゃなくなって笑った」のは、山形さんの論理がサヤカさんの内面の不安を解消するだけの説得力を持って届いたからでしょう。

人生の豊かさは、生活経験の豊かさであり、それを豊かだと言えるのは、たくさんの人に助けてもらえる人間的関係と一体になって人生の財産になるという確信からしか生まれません。人間は社会的存在であり、困った時に助け合うのが本当の社会です。サヤカさんは、そこに自分の生きる社会を見たのです。それは山形さんを通して「人は信じられる」と思えたからです。山形さんの話の説得力は、山形さん自身のサヤカさんへの振る舞い（細々とした、しかし切実な日常生活上の支援を中心に）のすべてに裏打ちされて、サヤカさんに響いていたのでした。

生徒の心の奥底には、確かに渦巻いてはいても、まだ言葉にならない内面の真実があるものです。そこに響く語りかけを日常の会話のなかでさらりと山形さんは続けながら、生徒と深い対話を紡いでいきました。それは生徒が自己防御の鎧《よろい》を脱ぎ捨て、自分の地肌で山形さんに接することを可能にする歩みを支えることになります。

そのような対話と観察から、山形さんはサヤカの変化を「世界との出会い方が変わった」のだと見ています。

「母になったサヤカ」——心ふるわせる経験の共有へ

そのことを山形さんは、こう書きます。

「世界との出会い方が変わって、かつてはぼんやりとも描けなかった未来が少しイメージできるようになってきました。息子の未来に自分の過去を重ね、『明日も一緒にいられますように』と毎晩祈りながら、亡き母へ想いを寄せることもあります。今、サヤカはいのちがひしめきあう世界を生きている」（本書九五ページ）

サヤカさんの変化をこのように見て、人間的な情緒を柔らかく受けとめる山形さんのセンスは、サヤカさんが育ちのなかで負ってきた傷を十分癒やすように働いています。

しかし、その山形さんにも葛藤がないわけではない。山形さんは、「安定した仕事に就けるよう高卒の学歴はあった方が……」と感じながら、「今の学校には『人が育つ場としての条件』が欠けていると感じる」のです（同前ページ）。

社会の現実にどのように適応できるかの不安を感じながら、教師として自分が身を置く学校という場に十分な答えがないことを身にしみて知っているからのことでしょう。それは山形さんが「保健室から見る」からこそ見える、学校の現実ということでもあるのでしょう。

サヤカさんがその後、「我が子といういのち」を生み出して母となったことは、赤ちゃんという目の前で生きるいのちの側から世界を見るという「大きな転換」をサヤカさんに迫ることになりました。山形さんの言うところを聞きましょう。

「サヤカの『世界との出会い方』を決定的に変えたのは子どもの存在です。妊娠・出産に向かう際の夫や周囲の受け止め方も大きかったと思います。『死んだ方がマシ』な世界が『いのちがひしめきあう』世界へと変わり、そのなかでサヤカは日々めざましく成長を続けています。本来、学校にもこうした役割や場があったのではないかと思うのですが、見つけ出そうとすることは現在相当難しい状況です」（同前）

サヤカさんが「めざましく成長を続けている」姿と出会った山形さんは、その姿に照らして現実の学校の問題点を凝視《ぎょうし》したのです。そして、「子どもがいのちに見える学校」を希求しながら、その実現は容易でないと語ります。その容易でない世界には、「子どもに安心できる居場所を提供し、子どもの声を聴く保健室と養護教諭の教育実践」を異端と見るようなスタンダードが広がっているのです。

では、どうすれば子どものための学校を実現できるのだろうか。それには、「めざましく成長を続ける子どもの姿」に心ふるわせるような経験を、職場で同僚と共有することが何よりだと思います。「子どもはいのちそのもの」というこの基本的な見地が共有できれば、試行錯誤を含んでも困難に向き合う知恵や工夫は生み出せるのではないでしょうか。

（2） どのような教師でいたいか――教職観の矮小化を越えて

「二〇〇九年型教職観」を乗り越える

しかし、そのような教職観にも、近年特徴のある変化が生まれているとの指摘があります。[4]それは「二〇〇九年型教職観」と呼ばれるものです。この教職観は、門脇厚司《かどわきあつし》筑波大学名誉教授によると、「（a）仕事と私生活を切り離して割り切り、（b）教師としての自分の仕事の範囲を限定し、（c）管理職の指導のもとで、（d）学力向上という学校の組織目標の実現に向け励む（教職の矮小化）」などの特徴を持つとされています。[5]

これは教師としての本来の生きがいの選択肢が見えない苦難のなかで、はからずも選択した一つの生存戦略だと見ることもできるのではないでしょうか。

しかしそれは、「教師が丸ごと子どもとかかわることで、子どもを、人間として、生活者として、社会人として育てることを放棄し、子どもの『学力』という人間の能力のごく一部分にかかわることをよしとし、そのことで教師としてのやり甲斐を感じ」ることになるとも、門脇さんは批判しています。(6) これは教職観の矮小化だという厳しい指摘です。

私・福井は以前、このような「制度としての教師」でなく、「子どもと同時代を生きる魂を共有しようとする教師は、現代社会の問題と、そこにおける子どもの発達の問題と、そして教師自身が現代を生きることの問題を重ねて考えなければならない(7)」と述べました。この困難を抱えた子どもと「同時代を生きる魂を共有し」て伴走するのが山形さんの教育実践です。この取り組みと彼女の生き方は、その具体的な実証でしょう。そこには限定された職務を遂行する矮小化された教職観を越えて、丸ごと子どもとかかわる人間主義的な教職観が息づいています。

子どもを生活主体としてとらえる

本来、教育実践は、いま述べたように、子どもとの出会い直しや子どもの再発見などを含み込みながら展開するものです。それはその子の生きる生活世界への理解の深まりと結びついています。その世界は、無限定で無縫《むほう》なものというものではなく、特定の社会状況のなかに組み込まれた生活世界です。そこで暮らし成長しつつある子どもに向き合い、その子と打ち解け、ともに悩む。その子の生活上の苦闘を自らのものと受けとめて考える。悩みを共有し、生きるための葛藤を見まもり伴走する。それは、その子が持つ「よりよく生きたい」という根源的な願いを信じての伴走なのです。人間的な感情を交流しつつ、その子の内面に人間信頼への希望を紡ぐような伴走です。

山形さんがそのような実践を貫こうとする時、だからこそ彼女が生徒に対して「あなたの居たいところに居てよい」と言いきることが重い意味を持つのです。それは、生徒が選択した判断を尊重するという宣言であり、「あなたを自由な行為主体として尊重する」というメッセージです。

それはとりわけ高校においては、単位認定に必要な出席時数の確保をどうするかという現実的な葛藤を抱え込むことにもなります。具体的な事例で考えますと、それを分かりながらの生徒の判断尊重宣言は、保健室にいることを罪悪視し教室に早く戻ることを求める同僚の圧力とぶつかることにもなるのです。

「その子」という「特定性」を重視する

子どもを独立した人格としてその判断を尊重するということは、どういうことでしょうか？　この立場に立つと、その子の判断の内容を高めていこうとする指導と結びついていくことになると思います。これは価値にかかわる指導ということにもなり、全人的な対話が要請されることになります。

そのような対話は、その子への深い理解がなければ成立しがたいものです。その子の人格にかかわる問題を総合的にとらえながら、その瞬間にどう対応するかという判断・方法・技術が連続的に問い続けられるからです。そうだからこそ、この取り組みでは、「子ども研究と教師の専門性形成」が結合されることが求められます。

だから、「子ども研究」を鏡にして教師は自らを見つめ、実践を振り返る必要があります。そこで求められる「子ども研究」は「個別性」ではなお足りず、「その子」という「特定性」を考えることになることは、注目しなければなりません。

そのような「その子研究」を共同で深める試みとして、私は「子ども理解のカンファレンス（事例研究）」と呼ぶ取り組みを重ねてきました。なぜなら、子ども理解の質と深度は、その教師の教職観を深いところで規定するからでした。そこで次に「子ども理解のカンファレンス」とは何かを論じたいと思います。

(3) 学校改革への希望を保健室から考える意味

「子ども研究」を共同で深める「子ども理解のカンファレンス」

「子ども理解のカンファレンス」とは、「子どもの示す具体的な事実から出発し、その言動の背景と、そこに込められたメッセージを、その子の生活世界に分け入って共同で読み解き、課題を把握して指導の方向とさしあたりの手だてを考えあおうとする試みである(8)」と、私は言ってきました。

いま改めて考えてみると、それは、子どもを「いまを生きる主体」としてつかむことであり、その子の示す事実をその発達上に意味づけることで、生活主体、発達主体として子どもを理解しようとするものだと思います。それはまた、その子の言動を「表現」として考え、子ども自身がその「表現」を対象化して自分の生活を見つめ、生活を高め、自分を変えることに挑むような指導を考えることです。

この時に、操作の対象に貶《おとし》めるのでなく、生活主体としての子どもを理解することが大事だととらえても、さらに注意すべきことがあります。それは、この理解が「子どもの生活背景を知る」ことだけでは完結しないということです。自分を取り巻く環境条件にその子はどのように応答しているのか、その子にとっての「自分一身上の問題」として主体的なかかわり方をしているかを見るということです。そしてそれは、哲学者戸坂潤《とさかじゅん》（一九〇〇～四五年）がかつて述べた「一身上の問題は却って正に社会関係の個人への集堆の強調であり拡大であった(9)」という見地を失わないことです。このような観点は、生活綴方教育の影響を強く受けた実践にも貫かれているものです。

「子ども理解のカンファレンス」が有効に成立するためには、提示された事実や事例について、率直で自由な意見交換ができなければなりません。この交流のなかで、子どもの示す具体的な事実の何を、どういう角度から問題とするかを出し合うことが必要です。そこでは参加した各教師による見方の違いはマイナスではありません。その違いがどのような判断を根拠にしているのかを含めて率直に交流できれば、その子の姿はより立体的に浮かび上がり、子ども理解の深化のためにはむしろプラスに働くことになります。

そして、教師がどう対応したかの報告では、その時の教師の直観・とっさの反応に出る判断が示されますから、つまり、独立した人格であるその子と応答する判断力量というものは、瞬間の応答に出るのですから、そこに教師の教育認識や教育的価値のありようが如実に表れるのです。生身《なまみ》の考えが率直に出されて互いに切磋琢磨《せっさたくま》されることでの、子どもの事実を語りながらの教師としての判断や見解の交流は、それを通して教師としての自分を語ることにもつながっていきます。それは同時に同僚との対話を通して自己省察を深めることになります。

このようにして、実践とそれへの批評の交流が進んでいくのが「子ども理解のカンファレンス」なのです。そこでは事実に即して参加者が納得することが必要であり、そこに一般論は通用しません。特定の問題をその特定性を深めるように共有することをめざすのです。

私はその交流の場で座長を務めることが多かったのですが、そこで心がけたのは、問題を柔らかく受け止め、緩やかに問いを深めていくような運営でした。その交流の場での多くは、「荒れた」中学校の厳しい状況のなかで、不十分さを責め合う関係ではなく、支え合う同僚関係をどうつくるかというものでした。だから、子ども理解を深めることを通してその課題に迫りたいと、手掛かりになる表現も試行錯誤したものとなりました。

そこでの言葉を抜き出してみると、「子どものいま生きる姿を受けとめる」／「子どもの生活世界に分け入る」／「その子の内面のドラマへの想像力」／「生活主体としての子どもをみる」／「生活感情の社会基底を考える」／「生活変革の思想と力量の形成」／「生活と科学をその子において統一する」など、いま振り返ると熟さぬ言葉もあったと思いますが、模索が生み出したものでした。

自己の実践の振り返りと同僚との学び合いこそが、教師が現場で育つ力量形成のポイントであることはまちがいなく、その交流の場にあったのは、現場研究を刺激し合いたいという願いに立つ模索でした。こうして、「子ども理解のカンファレンス」は自己省察の共同体験ともなったと思います。

この何でも言える同僚関係づくりのベースには、実は全教員が毎学期実践レポートを書き、年に三冊の『教育実践報告　八幡中学校の教育』のなかに纏められてきたような「学校づくり」の蓄積も大きかったと思います。

「子どもがいのちに見える」教職観の再構築と学校改革

このような共同の努力は、今日一層必要とされているように思います。それは、教職員のなかに多忙とともに共同を阻害する要因が増大し、分断と孤立が進んでいるからです。

そんな時、教師としての原点をどこに据えるのか。

戦後日本の教育実践史にそれを探って私のなかでまず浮かんだのが、一九五一年に出版された後藤彦十郎編著『魂あいふれて――二十四人の教師の記録』でした。[10]

編者である生活綴方運動を進めた後藤彦十郎（一九一三〜七三年）は「まえがき」に、「私たちは、どんな地域の学校にいようと、教育に目ざめ、教師の自覚にもとずいて、子どもと共に生きることにより、この世界の進歩に少しでも貢献しようとしている教師のまごころが、具体的な事実によって人々の心に訴えられなければならないと思います」と書きました。

また、同書巻末の解説で当時気鋭の教育学者宮原誠一（一九〇九〜七八年）は、「暗記と宿題と試験でむきあっている先生と生徒ではなく、生きた人間どうしとして教師と子どもたちとが手をとりあった。……日本の子どもたちは、自分たちとともに大地に立って自主独立の人間としての生きかたを教えてくれる教師を、はじめて学校にむかえることができたのであった」と説いていました。戦後の教育改革のなかで「自主独立の人間としての生きかた」を教える自由を獲得した教師が、「子どもとともに生きる……教師のまごころ」を示した教育実践の記録でありました。文字通り「魂あいふれて」手をとりあう教師と生徒の姿を教育の原点として示すものであったのです。

それから半世紀をこえて、養護教諭山形さんの教育実践には、教師と子どもが「魂あいふれて」ともに生きる姿の今日的様相が描かれていると感じたのです。山形さんの教職観・養護教論像は、先輩養護教諭との出会い、研究サークルでの学び、教職員組合での活動経験、出会った生徒たちと織りなしたドラマなどによって形成され彫琢《ちょうたく》されたものです。そこに、困難のなかにいる生徒の辛さを受けとめ、生きる意欲を引き出す伴走のなかで、その生徒の健気《けなげ》さや自己変革の姿に励まされて教師としての生きがいを再生させている養護教諭の姿を見ます。

このような姿に照らして考えるのは、いまの学校の現実です。数見隆生《かずみたかお》教授（宮城教育大学、東北福祉大学を歴任）は、「学校観・教育観を問う〜子どもの命が学校教育の根底に据えられているか」と問題を正面から取り上げ、自死の問題や不登校・保健室登校の子どもの問題をあげて次のように言っています。

「今の学校という場が、子どもの生存や発達の最も根底・根基にある『いのち』そのものさえ守り得ない状況になっていたり、人間としての成長・発達を保障される居心地いい場になり得ていない状況にあるという問題があります。つまり、『学校とはもともとどういう場なのか』『教育とは本来子どもにとって何をすることなのか』という本質的な問題の再考が求められているのではないか[11]」と。

「保健室から創る希望」の拡張――人間的なコミュニティの再構築へ

居心地のよい保健室は、心身に傷を負った子どもたちが救いを求め、養護教諭はそれに応えようとする学校内の駆け込み寺のような場所です。また、激しい競争の渦巻きから逃れ、しばしの憩《いこ》いのなかで元気を回復するオアシスのような場所でもあります。だから養護教諭も保健室も、ケアの精神と「手当て」が教育実践の原点にあります。そこでは発達援助と教育指導が結合されているのです。

このような養護教諭と保健室の仕事について、さらに数見さんの述べるところを見ておきましょう。

「学校を樹木にたとえるなら、学校保健の仕事、その中核に位置する養護教諭の仕事、保健室の存在はその根っ子（生存の内実である生命、安全・安心、健康、等）であり、幹にあたる部分（成長・発達、愛情、連帯、等）なのです。……しっかりした根っ子（水分や栄養を吸収する）や幹（へこたれないで立派な実や花を支える）こそが学校保健・養護教諭の役割なのです。学校の基軸・根幹としての自覚を持ち、現実の歪みを変える展望を持ち、子どもの立場に立ってあるべき学校像・教育の姿を追求していきたいものです[12]」

ここで数見さんが言うように、人間存在の文字通り「根幹」に触れる可能性に近い位置にいるのが保健室と養護教諭です。しかし、現実には学校を覆う支配的な教育観が、その可能性を十分に汲み尽くせなくしていると思います。子どもに寄りそう養護教諭の抱え込む葛藤の源もこの相克《そうこく》に根ざしています。だからこそ、子どものいのちと心身の安全を第一に考え、健やかな成長を願う保健室の人間観を学校から地域社会へと広げたいと切実に考えるのです。

その場となるのは、生徒指導部会や学年会議、職員会議など学校内でのさまざまな会議、また、学校外の専門機関・地域と繋ぐケース会議や連携会議など、既存の諸会議でしょう。この在り方も見直し、その質を変えることも「希望を創る」具体的な実践になるだろうと思います。

そのようにして、子どものいのちと生存に寄り添う保健室の教育観に血を通わせて広げることを追求したい。そして、子ども・若者にかかわる人、あるいはその周辺にいる大人に、自分の身の回りで生きている彼女・彼らが「どのような困難を内に秘めて日々を送っているのか」という想像力を養ってほしいと切に願うのです。

子ども・若者の現代的困難の社会的基底には、貧困・格差・分断の潮流が渦巻いており、たいていの場合、その困難を学校教育の枠内だけで克服するのは難しい。それは本書で見てきた山形さんの教育実践を通しても明らかでしょう。山形さんの高校保健室の場合は、「高校（中退・卒業）後」を見通して地域のコミュニティとつながることになっていますが、そのほとんどの事例が彼女の「個人的人脈」の活用で途を開いているものです。山形さんの先駆的で開拓的な教育実践の経験に学びながら、子ども・若者が育ち生きることを支える学校と地域のつながりを濃密なものにしたいと思います。

本書『保健室から創る希望』は、そのような願いに立って子どものいのちと生存を第一に考える観点から、学校、教師、地域、社会、それぞれの問題を繋ぎながら問い直すところに希望を見ようとしたものです。

学校から地域へ――希望を紡ぐコミュニティづくりをめざして

貧困などに喘《あえ》ぐ子どもたちへの支援を進めるためには、学校だけに止まらず、地域などのコミュニティにもその輪を広げなければとこの本で強調してきました。その具体例を山形さんの教育実践で取り上げてきましたが、ここで改めて山形さんが保健室で出会い、その後高校を中退した元生徒の支援のために、学校から踏み出して、地域で連絡を取った相手をあげておきます。さっぽろ若者サポートステーション、NPO北海道ネウボラ、NPO法人女性サポートアジール、NPO法人子どものシェルターレラピリカ、しんぐるまざあず・ふぉーらむ北海道、などです。ほかに、児童養護施設、札幌市福祉生活支援センターなどの公的機関もあります。これらの諸機関についいては、一般の高校教師はほとんど知識がないのではないでしょうか。目の前の子どもの支援のために、こうした諸機関とつながろうとする山形さんのような教師は、現状では少数派であると思われます。保健室は生徒の健康管理については校医などを通して医療機関とつながっていますが、生徒の社会的環境に因《よ》る傷への対応については、公共的機関とのつながりが十分ではないように思います。

そのようななかで、心身の不調が社会的環境からの被害に根ざしているという事例が増えているように感じられるのは、私だけではないでしょう。

さらに、「高校中退」などを選ばざるをえなかった子どもたちの現実はなお厳しい。青砥《あおと》恭《やすし》さんは『ドキュメント高校中退――いま、貧困がうまれる場所』のなかで次のように述べています。

「社会から捨てられた若者たちが毎年、一〇万人程度生み出される。地方でも首都圏でも、都市の周縁部にはそんな若者たちが小さな群れをつくってひっそりと生きている。希望もなく、目的もなく、夢もなく、そしてそんな状態に自分たちを追い込んだ社会や政治を恨むこともなく生きている。しかし、社会は彼らを厄介者扱いし、優しくない(13)」と。

高校を中退するということは、いまの日本社会では、青く実らぬままで落ち穂のように棄てられるようなものではないでしょうか。山形さんのおこなっていることは、捨てられた落ち穂を拾い上げ、その一粒一粒を実らせ芽を出させるような仕事だと思います。けれどもそれは、落ち穂を拾ってすぐに収穫量に加えるというのではありません。そのままでは米粒とは見られない青い籾《もみ》を、熟すまで実らせ、次の芽を出す種籾《たねもみ》になるように世話をするようなイメージではないでしょうか。

青砥さんが言うように、「彼らには、将来、生きていくための、職業上の資格も経験も学習体験も、彼らを支えるサポーターもいない。裸で社会に放り出されていく状態がこれからも続いていく。職業訓練の場やその間の生活保障制度があれば、社会のために貢献し、自立の道を探すことも可能だろうが、今はそういう制度がほとんどない(14)」。

この制度として確立していないなかでも、山形さんは可能な社会資源を見つけ、その子の必要に応じて活用しています。

そこで問題となるのは、本人が社会資源につながろうとする気持ちを引き出すような援助という、ケアワーク的な教育実践が大事だということです。困難のなかにいる当事者が、自ら主体的に生活や生き方を考えるように援助するということです。

青砥さんは「教育は、セーフティーネットという事後的な救済ではなく、若者たちが自律的な生き方ができるように支援するという意味での社会保障機能として考えるべきだろう(15)」と言い、高校の無償化と義務化が必要だと提言しています。これは高校中退を制度的になくすという意味でも重要な説得力のあるものです。これは社会学的な考察を踏まえたシステムにかかわるものです。

同時に、併せて重要なことは、「社会保障機能」に血を通わせることであり、それには、教育実践の質的な深化が求められると私は思います。困難を抱えた子どもたちに最前線で接する教師が、子どもを「自律的な生き方」の主体として育てる観点を貫くことが必要なのです。そうだからこそ、実際の指導の場面で求められる教師の専門力量について、臨床教育学の視点で考えたいと思います。山形さんの教育実践はその導きの糸なのです。

第４章第六節での注

１　佐貫浩「生存権保障と教育の自由の回復へ」教育科学研究会編『講座　教育実践と教育学の再生　第五巻　３・１１と教育改革』かもがわ出版、二〇一三年、二七九、二八〇ページ。

２　同上書、二八二、二八三ページ。

３　「サヤカの物語」の初出は、『高校生活指導』二〇一五年秋号。

4　「教職の変容――『第三の教育改革』を経て」『日本教育社会学会　第61回大会発表要旨集録』二〇〇九年九月一二日、一九九ページ。

5　門脇厚司「教育社会学研究と教師教育の課題—教育専門職者の公務員化を促す要因についての綜合的研究」岩田康之・三石初雄編『現代の教育改革と教師――これからの教師教育研究のために』東京学芸大学出版会、二〇一一年、一四四～一四五ページ。

6　同上書、一四五ページ。

7　福井雅英「子どもの『いま生きる姿』を受けとめる教師の自己形成」滋賀県教育科学研究会編『安心と自由が生きる学校』所収、かもがわ出版、一九九九年、一五〇ページ。

8　福井雅英『子ども理解のカンファレンス――育ちを支える現場の臨床教育学』かもがわ出版、二〇〇九年、二〇五ページ。

9　戸坂潤「道徳の観念」『戸坂潤全集第四巻』勁草書房、一九六六年、二六六ページ。

10　後藤彦十郎編著『魂あいふれて――二十四人の教師の記録』百合出版、一九五一年。この年は戦後教育の金字塔と評価される無着成恭『山びこ学校』が出版された年であり、無着も二十四人のひとりとして加えられています。後藤の引用は同二ページ。宮原の引用は同書、三四一ページ。

11　数見隆生『命を愛しむ　養護教諭の仕事　今保健室に求められている思想と技法』本の

泉社、二〇一八年、一五九ページ。
12　注11に同じ。
13　青砥恭『ドキュメント高校中退——いま、貧困がうまれる場所』筑摩書房、二〇〇九年。一二ページ。
14　同上書、一八四ページ。
15　同上書、一八五ページ。

あとがき

福井雅英先生と初めてお会いしたのは、当時私が勤務していた高校に近いＪＲ駅の駅舎です。私の勤務校はいわゆる「荒れた」学校でした。「指導」や「説諭」は反発を招くだけ、「道徳」や「常識」は鼻で笑われ、「期待」や「願い」は無視されました。「言葉」が届かない現実を前にして途方に暮れる日々のなかで、福井先生の「子ども理解のカンファレンス」に出会い、校内研修の講師としてお招きすることになり、その時の送迎担当が私でした。研修を終えた先生を車に乗せて、新しく建て替えられた校舎の横を通り過ぎる時に、なんとはなしに「ツバメの巣はどうなるんだ」のタケシの話をしたのです（本書七八～八〇ページに収録）。

「その話、どっかに書いたらええよ」

「はぁ……どっかって……」

この本『保健室から創る希望』は、そんなやりとりから生まれました。

学校のなかの公用語は教員の言葉です。それは常に一方的な「善きこと」が価値として含み込まれた言葉です。私が保健室で出会う生徒たちは、その「善きこと」からしばしば疎外《そがい》される子どもたちでした。保健室といえども学校の一部門、養護教諭といえども学校の一スタッフ、私は長らく生徒とつながる言葉を見つけられませんでした。「言葉」が見つからない保健室は、朝はスムージー屋さん、昼はマッサージ屋さん、放課後はカフェになりました。

便秘の悩みや腰痛の辛さにその時できることをし、一緒にお茶を飲みながら他愛のない話をしました。そんな時間をともに過ごして、彼らの暮らしを語る「言葉」を私も少しずつ話せるようになっていったように思います。

「こやって普通に……なんて言うかくだらない……なにげなくね……そう、一緒にご飯食べたり……にこにこしてるしね、いつも……」と、サヤカが褒《ほ》めてくれました。

福井先生から「一緒に本を出しませんか?」というご提案をいただいてから、ずっとぐずぐずとしていました。ぐずぐずしている私に「あなたがやってることが希望やで。あなたが出会ってきた若者たちの姿は希望そのものなんやで。保健室から希望を創るんや!」と、たびたび叱咤《しった》激励もしていただきました。それでもどうしてもぐずぐずしていました。

希望＝好ましい事物の実現を望むこと。

「好ましい」とは誰にとってのどういう状態で、誰がそれを望むのか、この言葉がもつ「明るさ」や「未来」といったイメージのなかにも、「学校公用語」に内在する「善きこと」が紛れ込んでいるのではないか、紛れ込ませているのは私自身なのではないか、そんなぼんやりとした不安が消えないまま、ぐずぐずと時間が流れてしまいました。

スムージー屋さんの常連だったリョウはシングルで二人の子どもを育てています。自身が暮らしのなかで負ってきた苦労やトラウマや、それが起因してなのかなんなのかわからない体調不良に悩まされています。もともと片付けが苦手なのに加えて、起き上がれない日もたびたびあるので、捨てたいのに捨てられないものたちに床面積のほとんどを占拠されています。なにをするにもその都度必要なものを「発掘」しなくてはならないので、時間がかかって大変です。寝過ごして子どもたちを保育園に送っていけず、片付けの端から子どもたちに散らかされるので怒ってばかりで大変です。疲れて寝込んでいる間に堆積物はさらに増えるので、このぐるぐるがずっと続いてしまいます。

明け方にリョウからLINEが届いていたことに朝気づきました。

リ：一〇時半に寝たのに三時くらいに目覚めちゃってやっと眠気きた……（4:37）

山：やばい……寝過ごして保育園行けないパターンか……（6:41）

リ：いま起きてもた（8:58）
山：はい　おはようございます（笑）
リ：予定あるから無理くり送ってくるしか
山：がんば
リ：おにぎり食わせながら保育園送って帰宅中（9:58）
山：グッジョブ
リ：途中おじさんとおじさんが公園で談笑会してると思ったら横とおりすぎたっけめちゃくちゃロックな音楽聞いてて面白かったw
山：矢沢世代はもう七〇代かな（笑）
リ：あーそれかなー？　めちゃくちゃギターギュルギュル系だたw　そして私は帰宅中は　ロック聞きまくって帰る　私も世代ズレてんのよねw黒夢ＧＲＡＹるなしーだからw
山：今日もファンキーでいこう（笑）！

暮らしは確かに大変です。でも、口におにぎりを詰め込んだ子どもを叱りつけながら行く道も、ロックなおじさんの談笑会を見つけた帰り道も、そこはなんだかほんのり明るい。受け取った私もなんだかほんのり明るい。そんな了解のある場所を「希望」と呼んでいいのだとしたら、「希望」はやはり保健室で生まれていたのだと、福井先生の言葉がようやく実感を伴って響いてきた、構想から一〇年目の春です。

福井先生には田舎の駅での出会い以来、さまざまな研究会に連れて行っていただき、愚直とも言える誠実さで現場に向き合っておられる多くの実践家の方たちに引き合わせていただきました。福井先生との出会いがなければ、山形志保は生まれておりません。心から感謝申し上げます。ありがとうございました。

新日本出版社の田所稔様には、かき集めただけの原稿に丁寧に目を通していただき励ましとご助言をいただきました。「蕎麦屋の出前」も恐れ入るであろう私のぐずぐずに、辛抱強くお付き合いいただけたこと、申し訳なさとありがたさでこころがいっぱいです。なによりも、私が出会ってきた生徒たちのことに温かい関心を寄せていただけたことに心より感謝申し上げます。

そしてそして、本書に登場する元生徒たちはもちろん、登場しないけれど出会ってくれた元生徒たち、あなたたちが世の光です。これからも光の方へ、ともに。

ありがとうございました。

二〇二三年五月

山形　志保

執筆担当と初出一覧

福井雅英

「はじめに」（11～20ページ）、書き下ろし。

第1章第二節（36～55ページ）、書き下ろし。

第2章第一節（56～76ページ）、書き下ろし。

　第三節（100～124ページ）、書き下ろし。

第3章第三節（135～160ページ）、『新潟の教育情報』第一一三号、二〇一三年一二月。

第4章第一節（161～182ページ）、書き下ろし（一部〈179～181ページ〉は『北海道の臨床教育学』第一〇号、二〇二一年）。

　第六節（205～231ページ）、書き下ろし。

　なお、福井担当部分には「山形実践記録」が引用の形で度々紹介されています。

山形志保

第1章第一節（21～36ページ）、『クレスコ』二〇一二年九～一二月号。

第2章第二節（78～99ページ）、『教育』二〇一二年五月号と『高校生活指導』二〇一五年秋号。

第3章第一節～第二節（125～135ページ）、『保健室』二〇一六年六月号と『クレスコ』二〇一〇年三月号。

第4章第二節～同章第五節（183～204ページ）、修士論文。

「あとがき」（232～236ページ）、書き下ろし。


初出論考は、本書を纏めるに当たり、すべて整理・加筆・修正をおこなっています。

福井 雅英（ふくい・まさひで）
1948年生まれ。神戸大学大学院修了。博士（学術）。武庫川女子大学助教授、北海道教育大学教授、滋賀県立大学教授などを経て、現在、日本臨床教育学会副会長。
主な著書に、『本郷地域教育計画の研究』（学文社、2005年）、『子ども理解のカンファレンス』（かもがわ出版、2009年）、近現代日本教員史研究会編『近現代日本教員史研究』（共著、風間書房、2021年）、『教師をめざす学びのハンドブック』（共著、かもがわ出版、2019年）、滋賀県教育科学研究会編『安心と自由が生きる学校』（共著・かもがわ出版、1999年）などがある。

山形 志保（やまがた・しほ）
1968年生まれ。北海道大学大学院教育学院修士課程修了。教育学修士。北海道道立高校養護教諭。
主な著書に、教育科学研究会編『講座　教育実践と教育学の再生　第1巻』（共著、かもがわ出版、2013年）などがある。

保健室《ほけんしつ》から創《つく》る希望《きぼう》

2023年7月10日　初　版

編著者　福井雅英
　　　　山形志保
発行者　角田真己

郵便番号　151-0051　東京都渋谷区千駄ヶ谷4-25-6
発行所　株式会社　新日本出版社
電話　03（3423）8402（営業）
　　　03（3423）9323（編集）
info@shinnihon-net.co.jp
www.shinnihon-net.co.jp
振替番号　00130-0-13681

印刷　亨有堂印刷所　　製本　東京美術紙工

落丁・乱丁がありましたらおとりかえいたします。
Ⓒ Masahide Fukui / Shiho Yamagata 2023
ISBN978-4-406-06758-4 C0037　Printed in Japan

本書の内容の一部または全体を無断で複写複製（コピー）して配布することは、法律で認められた場合を除き、著作者および出版社の権利の侵害になります。小社あて事前に承諾をお求めください。